JULIA GRØNSETH

NORWEGEN erleben

DER GROSSE
Norwegen Reiseführer
MIT
55
UNVERGESSLICHEN
Erlebnissen

INHALT

Notrufe
Polizei: Tel. 1 12
Feuerwehr: Tel. 1 10
Notarzt / Erste Hilfe: Tel. 1 13

Diplomatische Vertretungen
Deutsche Botschaft
Tel. 23 27 54 00
Notfälle Tel. 9 08 50 80
oslo.diplo.de

Österreichische Botschaft
Tel. 22 54 02 00
bmeia.gv.at/oeb-oslo

Schweizer Botschaft
Tel. 22 54 23 90
eda.admin.ch/oslo

ÜBERSICHT

Unsere 55 Erlebnisse sind farblich nach Region (Finnmark, Troms, Lofoten & Vesterålen, Nordland, Trøndelag, Der Westen und Der Süden) geordnet. Innerhalb der Regionen sind die Erlebnisse nach ihrer jeweiligen Dauer geordnet (2h, 4h und 8h).

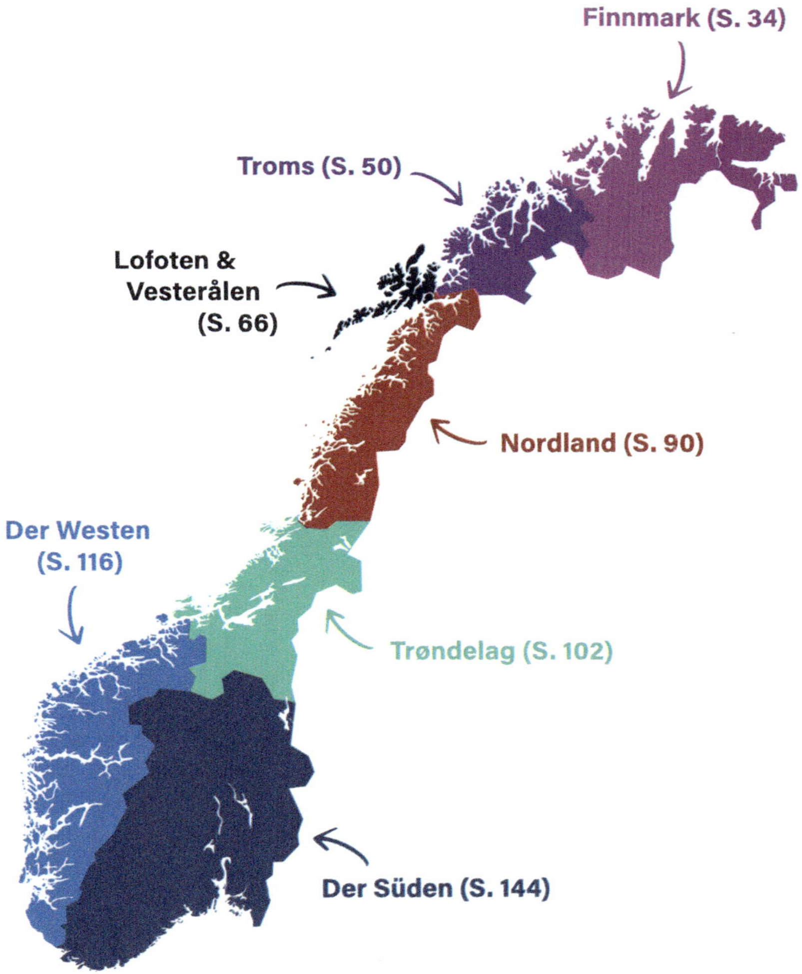

EINLEITUNG

Hanseviertel Bryggen in Bergen

Norwegen ist für seine Fjorde, Gebirge, Gletscher und eine vielfältige Landschaft bekannt. Das nordische Land gilt als ganzjähriges Reiseziel. Norwegen-Reisen werden als organisierte Touren angeboten, es besteht aber auch die Möglichkeit, einen Norwegen-Urlaub selbst zusammenzustellen und die Schönheiten dieses nordischen Landes auf eigene Faust zu entdecken.

Welche die beste Reisezeit ist, hängt von der Art des Urlaubs und davon, was man entdecken will, ab. Allgemein gelten die Monate zwischen Mai und September als ideale Zeit, um in Norwegen unterwegs zu sein. Im Süden des Landes herrscht zwischen April und Oktober angenehmes Klima. Die Hauptstadt Oslo wird das ganze Jahr über von Reisenden aus dem In- und Ausland besucht. Am schönsten ist es in der norwegischen Metropole von Mai bis September, wenn man draußen sitzen, einen Kaffee in einem der zahlreichen Straßencafés genießen oder durch eine der üppig begrünten Parkanlagen schlendern kann. Der Osten Norwegens wird durch Berge, felsige Landschaften, Täler und Seen geprägt. In den Sommermonaten Juni bis August kann man dort herrlich wandern, Bergsteigen und Angeln. Für Schiffsfahrten an der norwegischen Küste sind die Monate zwischen Juni und September optimal geeignet. Während der Mitternachtssonne von Juni bis Ende August geht die Sonne im hohen Norden des Landes nicht unter. Farbenprächtige Polarlichter sind in den Wintermonaten in der Nähe des Polarkreises zu sehen. Im Winter können die Temperaturen in den nördlichen Landesteilen Norwegens auf Werte von bis -40 Grad Celsius sinken. Die Mitnahme atmungsaktiver, wetterfester Bekleidung, Regenjacke und Regenschirm ist zu jeder Jahreszeit sinnvoll, da auch im Sommer hin und wieder mit Regenfällen zu rechnen ist.

Was kann man in Norwegen unternehmen? In jeder Region gibt es eine Fülle an Freizeit-, Sport- und Unterhaltungsmöglichkeiten. Die gute Infrastruktur des Landes ermöglicht es, mit öffentlichen Verkehrsmitteln wie Bus, Bahn oder Flugzeug sowie mit dem Mietauto an beinahe jeden Ort zu gelangen. Urbanes Flair prägt Städte wie die Hauptstadt Oslo, Bergen, Trondheim, Stavanger, Lillehammer und Tromsø. Bei einer Stadtbesichtigung können die wichtigsten Sehenswürdigkeiten, Museen, Kathedralen sowie die für Norwegen typischen Stabkirchen, Gemäldegalerien und

Faszinierende Polarlichter

Parks entdeckt werden. Die schöne Natur des Landes erschließt sich bei Ausflügen in die Nationalparks. Bekannte Naturparks sind der am Hardangerfjord gelegene Folgefonna-Nationalpark, der Jotunheimen-Nationalpark, der ein bekanntes Angel- und Wanderziel ist sowie der von mehr als 46 Wanderstrecken durchzogene Saltfjellet-Svartisen-Nationalpark. Schiffsfahrten entlang der Küste und Schiffsausflüge in den Fjorden sind weitere Gelegenheiten, die vielfältige Natur des Landes zu entdecken.

In den Wäldern Norwegens leben Elche, Luchse, Braunbären, Wölfe und Rotwild. Auf den Hochebenen sind Moschusochsen heimisch. Tierbegeisterte Urlauber finden in Norwegen viele Möglichkeiten, an Moschusochsen-Safaris, Hundeschlittenfahrten und einer Vielzahl an Tierbeobachtungen zu Lande oder zu Wasser teilzunehmen. Die norwegische Küste ist etwa 2.532 Kilometer lang. Wenn man die Fjorde und Buchten hinzurechnet, ergibt sich eine Küstenlänge von rund 28.953 Kilometern. Damit verfügt

Wildnisabenteuer pur mit einer Hundeschlittenfahrt

Norwegen über die längste Küstenlinie in Europa. Kurze und längere Ausflüge mit dem Schiff sind fast das ganze Jahr über möglich, allerdings sind Schiffstouren witterungsabhängig. Wassersport wird in Norwegen großgeschrieben. In den meisten Küstenorten können Boote und Kajaks ausgeliehen werden. Das nordische Land ist zudem eines der beliebtesten Ziele für einen Tauchurlaub. In Norwegen gibt es ausgezeichnete Tauchspots, die Unterwasserwelt ist vielfältig und interessant. Tauchschulen, die auch Tauchkurse für Urlauber anbieten, findet man vor allem in Städten wie Bergen, Kristiansand, Stavanger und Trondheim.

Als Wanderparadies und Trekking-Destination hat sich Norwegen seit Langem einen Namen gemacht. Wanderstrecken, die dem leichten, mittleren oder anspruchsvollen Schwierigkeitsgrad entsprechen, gibt es in jeder Region des Landes. Die Wanderwege, die meist gut markiert sind, führen über Wiesen und Wälder, an Felsen und Wasserfällen vorbei und hinauf zu Berggipfeln mit sensationeller Aussicht ins Tal. Bei ein- oder mehrtägigen Wanderungen entdeckt man die Unberührtheit der Natur. Fotobegeisterte Reisende finden überall im Land spannende Motive wie etwa beim Fotografieren farbenprächtiger Polarlichter, beeindruckender Felsformationen und Klippen, romantischen Fischerdörfern auf den Lofoten-Inseln und Sonnenuntergänge an norwegischen Stränden.

Kunst und Kultur kommen in Norwegen keinesfalls zu kurz. In der Hauptstadt Oslo hat sich eine kreative Kunstszene entwickelt. Zu den Top-Kunstmuseen des Landes zählen das Nationalmuseum in Oslo, welches die größte Sammlung bildender Kunst Norwegens beherbergt, das dem Künstler Evard Munch gewidmete MUNCH-Museum sowie das Privatmuseum Astrup-Fearnley-Museet für zeitgenössische Kunst. Zahlreiche Clubs und Diskotheken sorgen für ein lebhaftes Nachtleben. Nachtschwärmer entdecken vor allem in Oslo eine Vielzahl an Ausgehmöglichkeiten. Aber auch in anderen norwegischen Städten wie Bergen, Kristiansand, Stavanger, Trondheim und Tromsø geht es nachts hoch her. Live-Musik, Konzerte und andere Veranstaltungen sorgen für Unterhaltung. Für Familien mit Kindern gibt es in Norwegen Freizeitparks, die mit spannenden Aktivitäten zu einem abwechslungsreichen Familienurlaub beitragen. Die coolsten Freizeitparks Norwegens sind der Dyreparken in Kristiansand, der Zoo und Vergnügungspark zugleich ist, der Hunderfossen Familienpark in Lillehammer, der mit Märchen, Trollen und Abenteuer für Abwechslung sorgt sowie Skandinaviens größter Wasserpark, der Bø-Sommarlandpark in Telemark.

INSIDERTIPPS

Paradiesischer Hoddevik Strand

In Norwegen gibt es eine Vielzahl landschaftlicher und kultureller Highlights, die kaum bekannt sind und daher wenig besucht werden. Oft befinden sich interessante Sehenswürdigkeiten fernab von Städten und Dörfern und sind nur über Wanderwege oder nicht asphaltierte Straßen erreichbar. Es lohnt sich jedoch, abseits touristischer Pfade zu reisen und das authentische Norwegen zu entdecken.

Um das Land vom Wasser aus zu erleben, zwischen kleinen Inseln zu kreuzen und in Fjorde hineinzufahren, kann ein Motorboot gemietet werden. Für kleinere Boote ist kein Bootsführerschein erforderlich (sich vorher erkundigen) und man kann die Reiseroute selbst festlegen. An vielen Seen Norwegens besteht zudem die Möglichkeit, ein Ruderboot auszuleihen. Selbst gefangene Fische am Ufer zu grillen ist ein besonderes Erlebnis. Ein Angelschein ist in Norwegen lediglich zum Angeln in Binnengewässern erforderlich, im Meer darf auch ohne Genehmigung geangelt werden. Die Chancen auf einen guten Fang sind in den fischreichen Gewässern des Landes groß. Die Insel Vågsøy sowie die Halbinsel Stadlandet gelten als Geheimtipps zum Surfen. Günstige Windverhältnisse haben dazu beigetragen, dass der im Nordwesten des Landes gelegene Ort Hoddevik mittlerweile als einer der besten exotischen Reiseziele zum Surfen gilt. Der Surfstrand an der Westküste der Halbinsel Stadlandet besitzt eine ausgezeichnete Brandung und ist durch die umliegenden hohen Berge relativ windgeschützt. Manche Sportarten erlebt man nur in Norwegen richtig intensiv. Dazu zählt das Eisklettern. Da im Norden des Landes ganzjährig mit Schnee und Eis zu rechnen ist, zählen

Wanderungen auf vereistem Boden und über Gletscher zu den besonderen Highlights. Als bester Ort zum Eisklettern ist Rjukan bekannt. Die Gemeinde, die 180 Kilometer westlich von Oslo liegt, ist zudem eine Welterbestätte der UNESCO. In Rjukan kann man nicht nur beim Eisklettern die eigene Geschicklichkeit unter Beweis stellen, sondern auch während der Sonnenwende das Solfest (Sonnenfest) feiern. Außerdem ist Rjukan alljährlich der Ausgangspunkt für den größten Frauenwandertag Norwegens sowie für den Norseman, einen Extrem-Triathlon, bei dem über 226 Kilometer sowie 1.800 Meter Höhenunterschied zu bewältigen sind.

Obwohl Norwegen ein nordisches Land ist, gibt es dort Traumstrände mit exotischem Flair. Einer der schönsten norwegischen Strände ist der Grotlesanden. An diesem 700 Meter langen weißen Sandstrand kann man sich während der Sommermonate sonnen, baden und schwimmen. In Herbst und im Winter, wenn das Wasser zum Schwimmen zu kalt ist, genießt man die Aussicht auf die stürmische Nordsee und begegnet oft auch einigen Wildtieren. Zum Sonnenbaden, Beachvolleyball spielen und Surfen geeignet ist der Åkrasanden in Åkrehamn. Der an der Westseite der Insel Karmøy in der Nähe der Ortschaft Haugesund gelegene feinsandige Strand wurde bereits mehrfach als schönster Strand in Norwegen ausgezeichnet. Über Natur- und Erlebnispfade gelangt man von dort zum Stavasanden, einem weiteren Sandstrand. Ringsum den Stavasanden gedeiht eine wahre Vielfalt an Pflanzenarten. Die Strömung ist in diesem Bereich nicht besonders stark, sodass Baden und Schwimmen gut möglich sind. Eingerahmt von Dünen und in der Nähe eines Baches gelegen, ist der Farstadsanden einer der beliebtesten Strände zwischen Molde und Kristiansund. Vom Strand führt ein Küstenweg zum Leuchtturm Nordneset. Von dort aus gelangt man zu einem romantischen kleinen Hafen.

Fischerdorf auf den Lofoten

FÜR SPARFÜCHSE

Norwegen ist kein preiswertes Reiseland. Der nordische Staat gehört nicht zur Europäischen Union, sodass die damit verbundenen Vergünstigungen nicht vorhanden sind. Dennoch ist es möglich, eine Norwegen-Reise günstig zu gestalten.

Geld sparen kann man bereits bei der Anreise. Zwischen Deutschland, Österreich, der Schweiz und Norwegen gibt es tägliche Flugverbindungen. Von den meisten deutschen Flughäfen wird vor allem die norwegische Hauptstadt Oslo angeflogen. Beim Fliegen kann zwischen Linienfluggesellschaften, die ihre Tickets zu entsprechenden Tarifen anbieten und günstigen Billigairlines entschieden werden. Wer auf Komfort verzichtet und sich mit einem engen Economy-Sitz im Flugzeug begnügt, kann beim Hin- und Rückflug in den Norwegen-Urlaub einige Euros sparen. Eine weitere Möglichkeit, das Ferienziel in Norwegen günstig zu erreichen, sind Zug- und Fährverbindungen. Autofähren legen meist im norddeutschen Hafen von Kiel ab. Die Fähre Kiel – Oslo ist zudem die einzige Direktverbindung mit dem Schiff. Eine Überfahrt dauert etwa 20 Stunden. Komfortabel ausgestattete Fährschiffe bieten die Möglichkeit, an Bord zu relaxen. Es ist ratsam, sich möglichst frühzeitig für eine Schiffsverbindung zu entscheiden. Frühbuchertarife sind meistens günstiger. Außerdem kann es sich lohnen, mehrere Anbieter miteinander zu vergleichen.

Während der sommerlichen Hochsaison können die Preise für Flüge, Schiffe sowie für Unterkünfte in Norwegen deutlich höher sein als in der Nebensaison im Frühling und Herbst. Falls möglich, sollte die Hauptreisezeit gemieden werden. Ein Norwegen-

Aufenthalt in einer ruhigen Saison ist nicht nur entspannender, sondern deutlich günstiger.

Mit dem eigenen Auto ist man in Norwegen flexibel unterwegs, spart Taxikosten und ist nicht von den Fahrplänen öffentlicher Verkehrsmittel abhängig. Norwegen ist zwar einer der wichtigsten Erdöl- und Erdgasproduzenten, jedoch sind die Benzinpreise im Vergleich mit Deutschland erheblich höher. Deshalb wird empfohlen, das Fahrzeug nochmals zu betanken, bevor man in Richtung Norden aufbricht. Innerhalb Norwegens können die Tarife für Benzin sehr unterschiedlich ausfallen. Es wurde beobachtet, dass an bestimmten Tagen und Uhrzeiten preiswerter getankt werden kann. Bei den günstigen Tankzeiten soll es sich um die Zeit zwischen Freitagabend bis Montagmittag handeln. Es kann sich also lohnen, das Auto am Wochenende vollzutanken. Da es außerdem preisliche Unterschiede zwischen den Tankmöglichkeiten in den Städten und auf dem Land gibt, sollte man während der Fahrt die Augen offen halten, um eine günstige Tankstelle zu finden.

Die billigste Reisemöglichkeit in Norwegen ist der öffentliche Nahverkehr, der vor allem im Stadtbereich dem eigenen Auto vorzuziehen ist. Öffentliche Verkehrsmittel verkehren regelmäßig und sind auf den meisten Strecken die preisgünstigste Option. Obendrein fallen beim Fahren mit Zug und Bus die Parkgebühren für das Auto, die in den großen Städten durchaus hoch sein können, weg. Lebensmittel vor Ort zu kaufen und in der Ferienunterkunft selbst zu kochen, spart teure Restaurantbesuche. Darüber hinaus besteht die Möglichkeit, durch das Einkaufen größerer Mengen von Obst, Gemüse und Grundnahrungsmitteln einen Vorrat anzulegen und Rabatte zu erhalten.

Beim Wandern kann eine Wasserflasche mitgenommen werden, die unterwegs an einer Quelle oder einem Gebirgsbach mit kristallklarem Quellwasser befüllt wird.

Beim Shoppen in Oslo und anderen Städten des Landes winkt beim Schlussverkauf im Januar oder gegen Ende der Sommerferien so manches Schnäppchen, sodass ein kuscheliger Norwegerpullover oder ein stylisches T-Shirt als Reise-Souvenirs drin sind, ohne das Urlaubsbudget zu belasten.

TYPISCH NORWEGEN

Lofoten Fjordlandschaft

Typisch für Norwegen sind die abwechslungsreiche Natur, Polarlichter, gemütliche Abende am Kamin, kuschelige Norweger Pullover, kleine felsige Inseln, die als Schären bezeichnet werden und die Fjorde.

Auch das Wort „Fjord" ist eine typisch norwegische Wortschöpfung und entstammt der altnordischen Sprache. Wörtlich übersetzt bedeutet Fjord etwa „durch etwas hindurchfahren oder -reisen". Die Fjorde Norwegens entstanden in den Eiszeiten, als sich die Gletscher in den Flussbetten talabwärts bewegten. Im Laufe der Zeit wurde das felsige Gestein der Berge durch das Wasser und Eis der Gletscher nach und nach abgetragen. Dabei entstanden die typischen Ausformungen und Buchten, die heute als Fjorde bezeichnet werden und zu den beliebtesten Reisezielen des nordischen Landes gehören. Die bekanntesten Fjorde in Norwegen sind der mehr als 200 Kilometer lange Sognefjord, der gleichzeitig der längste Fjord Norwegens ist sowie der Nærøyfjord, der inzwischen zum Weltnaturerbe der UNESCO zählt. Der berühmteste Fjord ist der von mächtigen Bergen umgebene Geirangerfjord, der sich über eine Länge von 15 Kilometern von Hellesylt bis nach Geiranger erstreckt und ebenfalls UNESCO-Weltnaturerbe ist. Rund um die Fjorde verlaufen zahlreiche Wanderwege. Zu Fuß und im Winter auch auf Skiern kann die eindrucksvolle Landschaft auf eigene Faust oder im Rahmen organisierter Touren erkundet werden. Im Umkreis der Fjorde werden weitere Sportmöglichkeiten, wie Rafting, Kajakfahren und Wanderausflüge in die Berge angeboten. Da in

Norwegen eher kühle Temperaturen herrschen, sind Strickpullover sehr populär. Die berühmten Norweger Pullover (norw.: Lusekofte) stammen ursprünglich aus dem Setesdal in Süd-Norwegen. Die mehrfarbigen Muster, die dort in der Mitte des 19. Jahrhunderts entwickelt wurden, folgen einer bestimmten Struktur. Zum Stricken wird ein spezielles, eher dünnes Garn verwendet, damit die feingliedrigen Muster richtig zur Geltung kommen. Ein typisches Motiv ist der achtzackige Stern, der Selburose genannt wird. In der Originalversion waren die Muster meist zweifarbig und in schwarz-weiß gehalten. Mittlerweile findet man Norweger Pullover in vielen verschiedenen Farbtönen, jedoch werden selten mehr als drei Farben verwendet. Beliebte Motive, die sich auf modernen Norweger Pullover finden, sind Muster mit Rentieren oder andere Tierfiguren. Während die früher noch handgefertigten Wollpullover als typisch norwegisches Kleidungsstück galten, haben stilvolle Norweger Pullis inzwischen die ganze Welt erobert. Praktische Norweger Pullover werden zum Skifahren, bei Trekkingtouren und Winterwanderungen getragen. In Norwegen zieht man die kuscheligen Pullover auch beim abendlichen Ausgehen ins Restaurant, beim Stadtbummel oder bei verschiedenen Freizeitaktivitäten an.

Norwegens Restaurants sind beliebte Treffpunkte für Abende mit der Familie, für den Business-Lunch oder für Treffen mit Freunden. Das Nationalgericht des nordischen Landes heißt Fårikål. Dieses traditionelle Fleischgericht besteht aus Schafs- oder Lammfleisch und Weißkohl und wird mit ungemahlenem schwarzem Pfeffer gewürzt. Der Lammeintopf zählt zur

Norweger Pullover

Das Nationalgericht von Norwegen
Der Fårikål-Eintopf

typisch norwegischen Hausmannskost und wird zu festlichen Anlässen auch als Festmahl mit Brot und gekochten Kartoffeln serviert. Der Fårikål-Eintopf ist häufiger Bestandteil der Speisekarte vieler Restaurants. Im Herbst werden in Norwegen sogar Lammeintopf-Partys veranstaltet. Der letzte Donnerstag im September ist der offizielle Fårikål-Festtag, an dem man sich überall im Land das leckere Gericht schmecken lässt. Die norwegische Küche ist rustikal und bodenständig.

Das skandinavische Klima, das durch kurze Sommer und lange, kalte Winter geprägt ist, beeinflusst auch die Küchentradition des Landes. Eine beliebte Spezialität sind die Fiskeboller. Die Fischklöße bestehen aus zerkleinertem Fischfilet, dem Kartoffelstärke, Milch, Salz und unterschiedliche Gewürze beigemischt werden. Traditionell isst man die aromatischen Klöße mit Gemüse und gekochten Kartoffeln. Kleinere Fiskeboller werden als Einlage in Suppen verwendet. In der norwegischen Küche beliebt ist Käse. Der „Brunost", ein brauner Molkenkäse aus Ziegen- oder Schafsmilch, ist die bekannteste Käsesorte Norwegens. Die typische hell- bis dunkelbraune Farbe und den süßlichen, leicht karamellartigen Geschmack bekommt der Brunost durch das Einkochen der Molke. Der feste Käse wird traditionell mit dem Käsehobel in Scheiben geschnitten und mit frischem Brot oder Waffeln gegessen. Typische Getränke, die man in Norwegen zum Essen genießt, sind Mineralwasser und Bier. Bei den Heißgetränken führt der Glühwein (gløgg), der mit verschiedenen Gewürzen verfeinert wird, die Beliebtheitsskala an. Als Nationalgetränk des Landes gilt der Kaffee. Eine Tasse Kaffee schwarz, mit Milch und/oder Zucker können Norweger zu jeder Tageszeit trinken.

PROGRAMM BEI REGEN

Ein Regentag ist keine vergeudete Urlaubszeit, wenn man weiß, was man bei Regen in Norwegen unternehmen kann. Da im Norden Europas auch im Sommer mit Regenfällen zu rechnen ist, ist ein Alternativ-Programm bei Regen hilfreich. Der Plan B sorgt dafür, dass es nicht langweilig wird, wenn die ursprünglich geplante Aktivität aus Witterungsgründen buchstäblich ins Wasser fällt.

In jeder Stadt und in vielen Gemeinden in Norwegen gibt es Hallenbäder, in denen man schwimmen und sich entspannen kann, während es draußen regnet. Ein verregneter Ferientag ist die beste Gelegenheit, um gemeinsam in ein Café zu gehen, einen Kaffee zu genießen und sich einen Skoleboller, eine Hefeschnecke mit leckerer Vanillecremefüllung, schmecken zu lassen. Im Ferienappartement kann man norwegische Rezepte ausprobieren und lokale Spezialitäten wie Kjøttkaker, Frikadellen mit Soße oder Spekesild, den eingelegten Hering, zubereiten. Meist ist ein Regentag im Urlaub ein Tag, an dem ein Museum, eine Kunstgalerie oder eine Ausstellung besucht wird. In Norwegen gibt es hierzu reichlich Gelegenheit, da sich beinahe in jeder Stadt ein Museum oder eine Galerie befindet. Auf besonders interessante Ausstellungen, Konzerte und andere

Veranstaltungen wird in den lokalen Medien hingewiesen. Außerdem kann man sich in der Touristeninformation am Urlaubsort über aktuelle Ereignisse informieren. Die Norweger, die an häufige Regenfälle in ihrem Land gewöhnt sind, bleiben auch bei Regen nicht zu Hause. So kann man selbst an verregneten Tagen viele Einheimische beim Spazierengehen im Park, Joggen am Strand oder beim Wandern beobachten. Es ist ratsam, bei Aktivitäten im Freien auf die richtige Bekleidung zu achten. Regenfeste Jacken, Hosen, Gummistiefel und Regenschirm gehören bei einem Norwegen-Urlaub unbedingt ins Reisegepäck, unabhängig davon, zu welcher Jahreszeit die Reise stattfindet.

Die verregnete Zeit wird oft für einen ausgiebigen Einkaufsbummel genutzt. In der Hauptstadt Oslo gibt es einige Einkaufszentren. Norwegens größte Shoppingmall ist das vor den Toren Oslos gelegene Sandvika Storsenter, das mehr als 200 Geschäfte und Restaurants beherbergt. Hier findet man Läden, die in den Bereichen Mode, Schönheit, Lifestyle, Interieur, Sport und Elektronik ein vielfältiges Warenangebot bereithalten.

Ein verregneter Urlaubstag lässt sich gut zur Planung weiterer Unternehmungen nutzen. Es regnet zwar in Norwegen relativ häufig, jedoch hört der Regen irgendwann wieder auf. Für den nächsten regenfreien Tag können Outdoor-Aktivitäten und Ausflüge geplant werden. Der Ruhetag ist ideal geeignet, um zu entspannen und sich vom Wandern, Fahrradfahren oder von anstrengenden Besichtigungstouren auszuruhen. Der Urlaub ist oft die einzige Zeit, um in Ruhe Musik zu hören oder ein gutes Buch zu lesen. Ein Regentag kann inspirierend und bereichernd sein. Einfach auf dem Sofa die Füße hochlegen, wenn die Regentropfen an die Fensterscheiben prasseln, ist herrlich entspannend. Wenn der Regenschauer vorbei ist, kann man eine Runde im Park spazieren gehen und die frische Luft einatmen.

Leckere Skoleboller mit Vanillecremefüllung

RELAX-VORSCHLÄGE

Im stressigen Arbeitsalltag ist kaum Zeit für Entspannung. Umso wichtiger ist das Relaxen im Urlaub. In Norwegen gibt es viele Möglichkeiten, entspannte Ferien zu erleben.

Ein bewährter Relax-Vorschlag ist Wellness. In vielen Hotels befinden sich Spas und Wellnesszentren, wo Massagen, Sauna sowie eine Vielzahl an Wellness-Anwendungen und Schönheits-Behandlungen angeboten werden. Eine der bekanntesten norwegischen Thermen ist das in Tromsø gelegene Arctic Spa Boot. Das Wellnessboot ist mit einer heißen Salzwasserwanne, einem Hamam, einer holzbefeuerten Sauna sowie mit einem kalten Pool ausgestattet. Außerdem gibt es an Bord einen japanisch inspirierten Ruheraum. Für das leibliche Wohl sorgen ein kleines Restaurant sowie eine Bar. In den meisten Spa-Zentren Norwegens sind verschiedene Arten von Saunen und Dampfbädern verfügbar. Darüber hinaus können Swimmingpools, Whirlpools und Fitnessräume genutzt werden.

Norwegen ist reich an natürlichen Quellen. In der Nähe von Larvik, einer Stadt an der norwegischen Südküste, wird das mineralstoffreiche Thermalwasser, das sich 55 Meter tief unter der Erde befindet, für Behandlungen im Spa Farris verwendet. Gesundheit und Wellness spielen in Norwegen eine große Rolle. In dem nordischen Land wurde die

Bedeutung einer gesunden Lebensführung schon frühzeitig erkannt. Daher hat man in den schönsten Regionen des Landes eine Vielzahl an Wanderwegen und Fitnesstrails angelegt. Beim Wandern durch die Natur kann man entspannen und Stress abbauen. Oft begegnet man bei Wanderungen in einsamen Gegenden keinem anderen Menschen. Die Mitnahme eines GPS oder eines Mobiltelefons, in dem wichtige Rufnummern gespeichert sind, wird vor allem bei Bergwanderungen und beim Trekken in der Wildnis empfohlen. Zu den entspannendsten Aktivitäten in Norwegen gehört das Angeln, ein Hobby, das sich bei Einheimischen großer Beliebtheit erfreut. Geangelt wird in den Fjorden, an Seen sowie am offenen Meer. Meist wird mit der Angel gefischt. Dabei gibt es jedoch einige Regeln zu beachten. In der Nähe von Lachsfarmen ist das Angeln nicht gestattet. Auf Angelverbote wird mithilfe von Warnschildern hingewiesen. Beim Angeln ohne Angelschein ist der von der Fischereibehörde festgelegte Mindestabstand von 200 Metern einzuhalten. Der Angelsport gilt als sehr entspannend. Man verbringt mehrere Stunden inmitten der Natur, atmet die klare Luft ein, kann dabei meditieren und die Gedanken frei fließen lassen.

Entspannend für die Psyche sind Strandwanderungen bei Sonnenaufgang oder während der Abendstunden, wenn die Sonne untergeht. Der Anblick eines farbenprächtigen Sonnenuntergangs vor den verschneiten, weiß schimmernden Bergen hat etwas Magisches. Wer sich auf eine spirituelle Entdeckungstour begeben will, wandert in Norwegen auf einem der zahlreichen Pilgerwege. Die meisten Routen sind einfach zugänglich, es sind keine besonderen Wandererfahrungen notwendig und beim Wandern bestimmt man selbst das Tempo. Es geht nicht darum, das Ziel so schnell wie möglich zu erreichen, sondern der Weg ist das Ziel. Eine Wanderung auf einem Pilgerweg in Norwegen kann einen Tag, einige Tage oder mehrere Wochen dauern. Die bekanntesten Pilgerstrecken sind die acht St. Olavswege, die zum Nidarosdom in Trondheim führen. Unterwegs sind malerische Dörfer und idyllische Landschaften zu sehen. Inselhopping ist eine Urlaubsform, die oft mit südlichen Gegenden in Verbindung gebracht wird. Von einer Insel zur anderen zu reisen und dabei jeden Tag eine neue Hafenstadt zu entdecken, kann sehr entspannend sein. In Norwegen ist die Helgelandküste bei Bodø ein beliebtes Ziel für Inselhopping. An der Küste befinden sich tausende kleine Inseln, die man bei einer Schiffstour vom Wasser aus sehen kann. Außerdem verläuft der Polarkreis an der Helgelandküste.

TRENDTHEMEN

Was sind die Trendthemen in Norwegen? Das Land im Norden Europas gilt als sehr modern und aufgeschlossen. In Studien werden die Norweger regelmäßig zu den glücklichsten Menschen weltweit erklärt. Eine entspannte Lebensweise, regelmäßiger Aufenthalt in der Natur sowie sportliche Hobbys wie das Skifahren, Angeln und Wandern besitzen in Norwegen einen hohen Stellenwert.

Stark ausgeprägt ist das Umweltbewusstsein. In Norwegen entstehen zunehmend umweltfreundliche Urlaubsunterkünfte und es wird auf Nachhaltigkeit geachtet. Die Verbindung der Norweger zu ihrer Natur zeigt sich auch bei der Wahl des Verkehrsmittels. So sollen in dem skandinavischen Land prozentual auf die Anzahl der Einwohner bezogen mehr Elektroautos registriert sein als in anderen europäischen Ländern. Im Jahr 2015 wurde die erste elektrisch angetriebene Autofähre der Welt in Norwegen in Betrieb genommen. Der 80 Meter lange Katamaran verbindet seitdem die Städte Lavik und Ytre Oppedal miteinander. Ein weiteres beliebtes Fortbewegungsmittel ist das Fahrrad. In Norwegen findet man zahlreiche Fahrradrouten und Radfernwege. Man kann eine Fahrrundreise planen oder auch einzelne Streckenabschnitte mit dem Rad absolvieren. Radwanderwege führen durch Städte, durch Wälder und Täler, an Fjorden entlang und über Berge. Verkehrsreiche Straßen sollten beim Radfahren in Norwegen jedoch gemieden werden.

Die Norweger gelten als sportliche Nation. Das skandinavische Land wird als Wiege des modernen Skisports bezeichnet. Die Olympischen Winterspiele fanden bisher zweimal in Norwegen statt, wobei Norwegen selbst eine der erfolgreichsten Olympia-Nationen ist. Wintersportarten wie Ski Alpin, Skilanglauf und Biathlon sind daher beliebte sportliche Aktivitäten. Inmitten verschneiter Wälder ist Skifahren und Snowboarden bis ins Frühjahr hinein möglich. Zwischen Oslo und Trondheim befinden sich einige Skigebiete, die auch für Familien interessant sind. Das bekannteste Skigebiet ist Hafjell bei Lillehammer, während sich die älteste Skiregion von Norwegen in Geilo befindet.

Norwegische Kunst gewinnt international zunehmend an Bedeutung. Bei den ersten Kunstwerken handelte es sich noch um Felsmalereien. Diese sollen während der Steinzeit sowie in der Bronzezeit entstanden sein. Bevor die erste Kunstakademie gegründet wurde, mussten viele norwegische Maler ihr Handwerk im Ausland erlernen. Der bekannteste Künstler des Landes ist Edvard Munch (1863-1944). Der Maler, dem ein eigenes Museum gewidmet ist, gilt als wichtigster Vertreter des Expressionismus und Wegbereiter der modernen Malerei. Heutzutage verfügt Norwegen über zahlreiche Top Kunstmuseen und eine junge avantgardistische Kunstszene.

Glaskunst und Glasprodukte aus Norwegen werden in der ganzen Welt geschätzt. Das norwegische Design ist durch Minimalismus und moderne Formensprache geprägt. Als erste Adresse für Glaswerk, Design und Interieur hat sich das Glasmagasinet in Oslo einen Namen gemacht. Ebenso kreativ wie die Kunst ist die Musikszene in Norwegen. Populäre Musikrichtungen sind Jazz und Metal. Gesungen wird meist in Englisch, da die norwegische Sprache außerhalb Norwegens kaum verstanden wird. Bei Live-Auftritten, in Clubs und Diskotheken werden auch Pop, Rock und Elektro gespielt. Als bester Live-Musikspot in der Hauptstadt Oslo gilt die im Jahr 1986 als Veranstaltungsort für Live-Musik gegründete Rockefeller Music Hall, die sich in einer ehemaligen öffentlichen Badeanstalt befindet. Eine weitere bekannte Musik-Location ist das Oslo Spektrum, in dem bereits zahlreiche berühmte Künstler wie Diana Ross, Whitney Houston, Lady Gaga, Britney Spears und Christina Aguilera aufgetreten sind. Die Konzerthalle befindet sich unmittelbar am Osloer Hauptbahnhof.

FAKTEN & MENSCHEN

Wer an Norwegen denkt, stellt sich meist Rentiere, kuschelige Wollpullover, Fjorde und knisterndes Kaminfeuer vor. Das nordische Land hat allerdings wesentlich mehr zu bieten.

Norwegen zählt zu den wenigen Ländern dieser Erde, die in der Lage sind, die benötigte Elektrizität zu etwa 98 bis 99 Prozent aus Wasserkraft zu gewinnen. Ein weiterer, größtenteils unbekannter Fakt ist, dass es sich bei der Hardangervidda Hochebene um die größte Berghochebene Europas handelt. In dieser gebirgigen Region ist zudem die größte Rentierherde Skandinaviens beheimatet. Im World Happiness Ranking, einer Statistik, die Themen wie Sicherheit, Friedfertigkeit und Lebensstandard untersucht, belegte Norwegen im Jahr 2017 den ersten Rang. Somit zählt das Land im hohen Norden zu den reichsten, friedlichsten und sichersten Ländern der Welt. Für die einzigartige Natur ist Norwegen weltweit bekannt. Nicht jeder weiß allerdings, dass sich die beiden wasserreichsten Wasserfälle sowie die drei höchsten Wasserfälle Europas in diesem nordischen Land befinden.

Neben klassischen Fakten gibt es auch einige lustige Tatsachen, die Norwegen beschreiben. So wurde der Käsehobel, der auf Norwegisch Ostehøvel heißt, von dem aus Lillehammer stammenden Zimmerer Thor Bjørklund erfunden. Der Handwerker ließ sich das praktische Gerät im Jahr 1925 patentieren. Die Idee, einen speziellen Hobel zu erfinden, um Käse in Scheiben zu schneiden, kam dem Zimmerer, als es ihm beim Schneiden mit dem Messer nicht gelang, gleichmäßige Scheiben abzuschneiden. Eine typisch norwegische Besonderheit ist der Fakt, dass man alkoholische Getränke nur in staatlichen Alkoholläden erwerben kann. Als Alkoholika gelten in Norwegen alle Getränke, in denen mehr als 4,75 Prozent Alkohol enthalten ist. Im Supermarkt einfach eine Flasche Bier oder einen Wein zu kaufen, ist in diesem Land nur eingeschränkt möglich. Dies sollte bei der Urlaubsplanung berücksichtigt werden. Bier wird in den meisten norwegischen Städten an Wochentagen bis 20 Uhr verkauft, während das beliebte Hopfengetränk samstags lediglich bis 18 Uhr in den Läden erhältlich ist. In Restaurants, Clubs und Diskotheken wird auch zu nächtlicher Stunde Alkoholisches ausgeschenkt, jedoch nur an volljährige Gäste. Das höchste Holzgebäude der Welt steht in Norwegen. Mit einer Höhe von 81 Metern ist das Mjøstårnet, das sich im Brumunddal, circa eine Fahrstunde nördlich der Hauptstadt Oslo befindet, das höchste Holzhaus weltweit. In dem vollständig aus Holz errichteten Bauwerk sind ein Hotel, einige Büros und Restaurants sowie Privat-Wohnungen, Gemeinschaftsräume und eine Schwimmhalle untergebracht. Das größte Unterwasserrestaurant, das es derzeit auf der Welt gibt, befindet sich in Lindesnes im südlichen Norwegen. Auf dem Speiseplan des Restaurants, das etwa 100 Gästen Platz bietet, stehen unter anderem Fisch, Meeresfrüchte und Wildspezialitäten.

Die Norweger betrachten sich als freundlich und tolerant. Bildung ist in dem nordischen Land sehr wichtig, um eine sichere Arbeitsstelle zu finden und Karriere zu machen. Geschätzte 37 Prozent aller Norweger sollen einen Hochschulabschluss haben. Stimmt die Statistik, dann wäre Norwegen das am besten ausgebildete Land in Europa. Junge Mütter haben die Möglichkeit, nach der Geburt ihres Kindes von 49 bis zu 59 Wochen in den Mutterschaftsurlaub zu gehen. Während dieser Zeit erhalten sie 80 Prozent ihres Netto-Einkommens.

Lesen ist ein beliebtes Hobby in Norwegen, einem Land, in dem es oft regnet oder schneit. Deshalb erstaunt es kaum, dass sich die Norweger gern mit einem spannenden Buch zurückziehen, wenn es draußen stürmt. Es wird sogar behauptet, dass in Norwegen mehr gelesen wird als in den anderen Ländern Europas. Politisch betrachtet wurde das Land erst sehr spät selbstständig, denn bis 1814 war Norwegen nur eine dänische Provinz. Danach trat das Land einer Union mit Schweden bei. Die volle Unabhängigkeit erlangte Norwegen erst im Jahr 1905. Noch heute erinnern die Farben Weiß und Rot auf der Norwegischen Flagge an die Verbindung mit Dänemark, während das blaue Kreuz für die Union mit Schweden steht.

GESCHICHTE

Das Land Norwegen blickt auf eine lange Geschichte zurück. Die Entstehung der Landschaft begann vor etwa 500 Millionen Jahren, als die nordamerikanische mit der eurasischen Kontinentalplatte zusammenstieß. Dabei wurden Tiefengesteine gefaltet und emporgehoben, wobei die Kaledoniten, mehrphasige Gebirgsbildungen, entstanden.

Die Felsmassive Norwegens sind Teile dieses Urgebirges. Die erste Besiedlung der Region, die dem heutigen Staatsgebiet entspricht, wird auf die Zeit von 10.500 v. Chr. datiert. Zu dieser Zeit soll die norwegische Westküste bereits eisfrei gewesen sein. Später hat man bei Ausgrabungen in Rennesøy einige Steinwerkzeuge gefunden, die darauf hindeuten, dass diese von den damals noch nicht sesshaften Jägern und Sammlern verwendet wurden. Die ersten in dieser Gegend ansässigen Siedler lebten vorwiegend vom Fischfang und von der Jagd. Eine Landwirtschaft entwickelte sich in Norwegen erst in der Bronzezeit. Um das Jahr 200 n. Chr. entstand die erste Runenschrift. Es bildeten sich kleine Reiche, die jeweils von einem Häuptling geführt wurden. Überlieferungen zufolge begann etwa um 800 n. Chr. die Wikinger-Ära. Die Wikinger gelten als Seevolk, die aber auch Seeräuber waren. Mit selbstgebauten, meerestauglichen und sehr schnellen Booten befuhren die Wikinger den Ozean und die Fjorde. Dabei überfielen sie nicht nur die lokale Bevölkerung, sondern auch andere Länder, wie Frankreich, England, Schottland und Irland, wo sie reiche Beute machten. Jedoch sollen die Wikinger nicht nur rücksichtslose Kämpfer gewesen sein. Sie galten als talentierte Handwerker, kannten sich mit dem Handel und der Verwaltung aus. Während der Wikingerzeit wurden in Norwegen wertvolle Schmuckstücke hergestellt, die heute in den Museen zu bewundern sind. Viele Stadtgründungen, wie die Gründung der irischen Hauptstadt Dublin sowie der in Nordfrankreich gelegenen Region Normandie, gehen auf die Wikinger zurück. Nach dem erfolglosen Versuch des Wikingerkönigs Harald III. Hardråde, England zu erobern, endete die Wikingerzeit im Jahr 1066. Obwohl die Wikinger-Krieger großartige Leistungen vollbracht und mit ihren Schiffen sogar Island, Grönland und Nordamerika erreicht hatten, konnten sie ihren Siegeszug nicht fortsetzen. Im 11. sowie im 12. Jahrhundert waren sie nicht mehr die Herren im eigenen Land.

Den Herrschern Dänemarks gelang es mehrmals, das Staatsgebiet Norwegens zu besetzen und das Christentum in diesem nordischen Land zu verbreiten. Infolgedessen wurde

Skandinavische Runenschrift

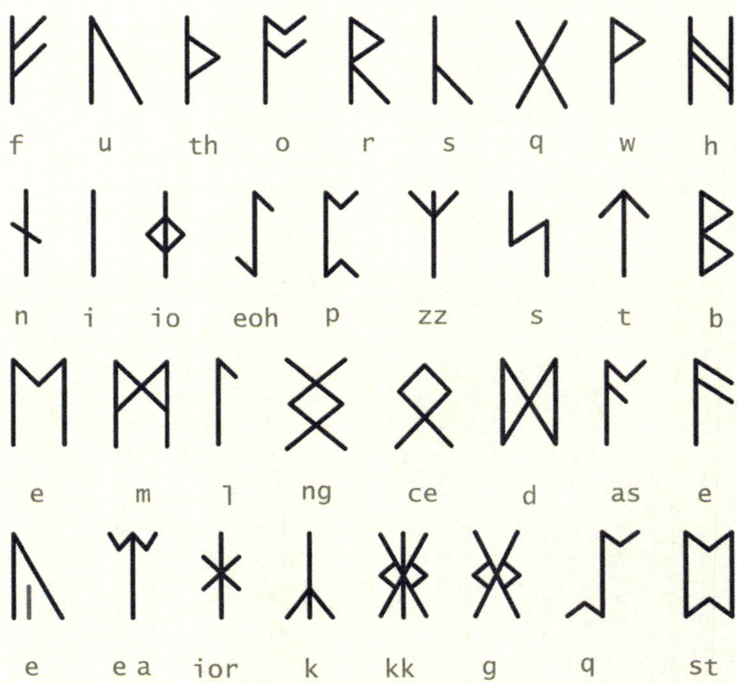

das Erzbistum Trondheim gegründet. In dieser Zeit entstanden auch die ersten Stabskirchen. Die aus Holz bestehenden Kirchen sind mittlerweile ein Wahrzeichen Norwegens. Im Jahr 1397 vereinigte die dänische Königin Margarethe I. die skandinavischen Länder Dänemark, Schweden und Norwegen zu einem Staat. Die Kalmarer Union hielt bis ins Jahr 1523 und zerbrach mit dem Austritt von Schweden. Allerdings blieben die dänischen Könige auch weiterhin die Regenten von Norwegen. Das Schicksal des Landes änderte sich erst mit der dänischen Niederlage gegen Napoleon im Jahr 1814. Anschließend wurde Norwegen durch Schweden verwaltet. Die norwegische Bevölkerung bestand jedoch auf ihre Selbständigkeit. Im gleichen Jahr entwickelte sich die erste liberale Verfassung Norwegens. Die neue Gesetzgebung trat schon am 17. Mai 1814 in Kraft. Bis zur vollständigen Unabhängigkeit dauerte es noch eine Weile. Richtig unabhängig wurde Norwegen erst im Jahr 1905, nachdem die Union mit Schweden aufgelöst wurde. Aktuell ist Norwegen eine parlamentarische Monarchie. Das moderne Königreich wird von einem Regenten, dem seit dem 17. Januar 1991 regierenden König Harald V., geleitet. Das Land ist ein dezentraler Einheitsstaat, der aus elf Provinzen besteht. Norwegen ist aktuell noch kein Mitgliedsstaat der Europäischen Union (EU), jedoch ist das Land Mitglied des Europäischen Wirtschaftsraumes (EWR). Außerdem zählt Norwegen zu den Mitgliedern der NATO und des Nordischen Rates.

Woher der Landesname „Norwegen" stammt, ist nicht abschließend geklärt. Man vermutet eine Abstammung vom altnordischen Wort norðrvegr, was wörtlich übersetzt etwa „Weg nach Norden" oder auch „Land nach Norden" bedeutet. Allerdings kommt

Wikingerkönig Harald III.

auch der Begriff norvegr als Ur-Wort für die Bezeichnung Norwegen in Betracht. Mit dem Wort nor wurde früher ein enger oder schmaler Sund beschrieben. Demzufolge könnte die Bezeichnung Norwegen auf ein Land, das sich entlang der schmalen Fjorde befindet, hindeuten. Das Staatsgebiet des heutigen Norwegen befindet sich im nördlichen und westlichen Teil der Skandinavischen Halbinsel. Norwegen umfasst eine Fläche von etwa 385.207 Quadratkilometern. Neben dem norwegischen Festland gehören auch die im Nordatlantik gelegenen Inselgruppen der Lofoten, Spitzbergen (Svalbard), die Bäreninsel (Bjørnøya) und die Insel Jan Mayen zum Königreich Norwegen. In diesem skandinavischen Land soll die größte Gruppe der Samen, eines indigenen Volkes, das früher im ganz hohen Norden beheimatet war, leben. In Norwegen wird Norwegisch gesprochen. Es handelt sich bei der Landessprache um eine nordgermanische, mit dem Schwedischen und Dänischen verwandte Sprache. Bei der Schriftsprache wird zwischen dem Bokmål (deutsch: Buchsprache) und der bis 1929 üblichen Riksmål (Reichssprache) unterschieden. Der Lebensstandard Norwegens wird als einer der höchsten weltweit betrachtet. Das Land ist Europas zweitgrößter Ölproduzent und weltweit der viertgrößte Produzent von Erdgas. Eine wichtige Einnahmequelle ist der Tourismus. Als ganzjähriges Reiseziel begrüßt Norwegen zu jeder Jahreszeit Urlauber und Geschäftsreisende aus aller Welt.

ESSEN & TRINKEN

Delikate Königskrabbenbeine

Die Küche Norwegens ist maritim geprägt, einfach und bodenständig. Der Speiseplan ist saisonal und regional unterschiedlich und wird dadurch bestimmt, was die Landwirtschaft und der Fischfang zu bieten haben.

Zu den Grundnahrungsmitteln, die häufig verwendet werden, zählen Fisch, Fleisch, Milch und Milchprodukte, Gemüse und Pilze. Die Norweger beginnen ihren Tag mit einem kräftigen Frühstück. Verglichen mit der üppigen Morgenmahlzeit fällt das Mittagessen etwas kleiner aus. Oft wird in der kurzen Mittagspause lediglich ein Snack verzehrt. Erst abends nimmt man sich in Norwegen die Zeit, um richtig zu kochen. Die norwegische Küche ist schmackhaft und vielfältig. In vielen Restaurants werden Spezialitäten wie Elchbraten in karamellisierter Ziegenkäse-Wacholdersauce sowie Elchfilet auf Kartoffelpüree mit Gemüsebeilage serviert. Als Nachtisch gönnt man sich eine Süßspeise wie beispielsweise ein Stück Osteiscake (Käse-Eis-Kuchen) zum Kaffee. Ein beliebtes Gericht, das vorzugsweise Anfang Herbst gegessen wird, ist Fårikål. Die leckere Mahlzeit besteht aus kleinen Lammstücken mit Knochen, Kartoffeln, die ungeschält gekocht werden sowie aus Kohl, schwarzem Pfeffer und Weizenmehl. Als besondere Delikatesse gelten die arktischen Königskrabben, die in Norwegen King Crabs heißen. Die riesigen Krabben werden in der Region Honningsvåg gefangen. Dort werden auch Safaris organisiert, wo jeder Teilnehmer selbst Krabben fischen kann. Der Kjøttkaker ist ein typisches, in vielen Haushalten zubereitetes Gericht. Die Fleischbällchen bestehen aus gehacktem und gebratenem Kalbfleisch. Serviert werden die Kjøttkaker mit einer Beilage aus gekochten

Kartoffeln und Erbsenpüree. In Norwegen werden viele leckere, aromatische Käsesorten hergestellt. Eine bekannte Käsespezialität ist der Ekte Geitost. Diese Käseart wird aus von Ziegenmilch gewonnener Molke hergestellt. Der Geschmack variiert zwischen süß und bitter mit einem Hauch von Karamell. Wegen seiner dunklen Farbe wird der Ekte Geitost oft als Brunost (brauner Käse) bezeichnet. Man genießt den Ekte Geitost schon morgens zum Frühstück und verwendet den Käse auch für belegte Brötchen.

Die Norweger sind passionierte Kaffeetrinker, die ihren Kaffee grundsätzlich zu jeder Tageszeit genießen. Obwohl alkoholische Getränke in Norwegen relativ teuer und nicht überall erhältlich sind, trinkt man gerne ein Bier oder einen Schnaps. Der bekannteste und beliebteste Schnaps ist der aus Kümmel und Kartoffeln gebrannte Aquavit (akevitt). In der kalten Jahreszeit, vor Weihnachten und generell im Winter wird in Norwegen Glühwein (gløgg) getrunken. Es handelt sich dabei um einen mit verschiedenen Gewürzen angereicherten, gehaltvollen Glühwein. Beim Ausgehen lässt man sich am liebsten einen „Fjellbekk" schmecken. Der beliebte Cocktail besteht aus Aquavit und Wodka, Zitronen und Limetten. Der hochprozentige Drink schmeckt angenehm fruchtig-sauer. Im Sommer ist der Cider das beliebteste Getränk der Norweger. Zur Herstellung des Apfelschaumweins werden erntefrische Früchte verwendet, die man mit Kräutern und Gewürzen verfeinert. Je nach Region und Apfelsorte kann das Cider-Aroma unterschiedlich sein. Jedoch stehen bei einem Restaurant- oder Clubbesuch nicht nur alkoholische Getränke auf dem Tisch. Viele Norweger lieben es alkoholfrei und bevorzugen Mineralwasser oder frisch gepresste Fruchtsäfte. Immer beliebter wird das aus norwegischen Quellen abgefüllte Wasser. Leitungswasser gilt überall in Norwegen als sicher und kann bedenkenlos getrunken werden. Wasser aus der Leitung oder direkt von der Quelle ist zudem kalorienfrei und gesund. Wer zur Erntezeit norwegische Obstgärten und Höfe besucht, kann frische Obstsäfte genießen.

Norwegischer Gløgg (Glühwein)

EINKAUFEN

Norwegen ist in erster Linie für seine landschaftlichen Schönheiten berühmt. Das Land im äußersten Norden Europas ist aber auch ein wahres Shopping-Paradies. In den großen Städten gibt es eine Vielfalt an Einkaufsmöglichkeiten.

So findet man in den verschiedenen Einkaufszentren und auf den Wochenmärkten ein reichhaltiges Warenangebot. Wer beim Einkaufen Geld sparen will, kann sich zuvor über Rabatte und Ermäßigungen informieren. Da Norwegen kein Euro-Land ist, sollte man beim Shoppen auch den aktuellen Wechselkurs im Auge behalten. Schon seit 1875 ist die norwegische Krone die offizielle Landeswährung. In den meisten Geschäften und Supermärkten werden auch gängige Kreditkarten als Zahlungsmittel akzeptiert. Die Hauptstadt Oslo und ihre Einkaufsstraßen sind beliebte Ziele für anspruchsvolle Shopper. Skandinavische Designer erfreuen sich in Europa zunehmender Beliebtheit, jedoch sind die Waren nicht billig.

Auf Qualität wird in Norwegen viel Wert gelegt. Dies sieht man bei den Norwegerpullovern und bei den anderen Strickwaren, für die ausschließlich hochwertige Wolle verwendet wird. Im Einkaufszentrum Egertorget sowie in der Osloer Shoppingmeile Akersgata findet man internationale Prêt-à-porter-Mode. Für ihre zahlreichen Modegeschäfte ist auch Bergen, die zweitgrößte Stadt in Norwegen, bekannt. Die meisten Geschäfte sind von Montag bis Samstag zwischen 10 und 17 Uhr geöffnet. Allerdings können die Öffnungszeiten variieren. Am Sonntag, dem allgemeinen Ruhetag, sind nur einige Lebensmittelläden sowie Souvenirläden offen, während die anderen Geschäfte geschlossen sind.

Beliebte Souvenirs, die man aus Norwegen mitbringen kann, sind Silber-, Keramik-, Zinn- und Glaswaren. Im Land werden auch originelle und hochwertige Objekte aus Schmucksteinen hergestellt. Die Preise für Waren aus Glas, Silber, Zinn und Keramik sind relativ hoch. Jedoch können Reisende aus nicht nordischen Ländern vom Vorteil profitieren, dass ihnen bei der Abreise die Mehrwertsteuer zurückerstattet wird. Die norwegische Vereinigung für einheimisches Kunstgewerbe betreibt in vielen Städten sogenannte Husfliden-Läden. Dort findet man die kunstgewerblichen Gegenstände zu günstigen Konditionen. Esswaren, die oft von einer Norwegen-Reise mitgebracht werden, sind Spezialitäten wie der Räucherlachs oder marinierter Lachs (gravlaks). Diese Lebensmittel erhält man in jedem Supermarkt. Meist werden sie in versiegelten Verpackungen zum Mitnehmen angeboten. Andere beliebte und lang haltbare Delikatessen aus Norwegen sind roter Kaviar, eine Fischpaste in der Tube, Makrelen in Tomatensauce sowie Hering in Dosen, den es in verschiedenen Sorten gibt. Besonders populär ist marinierter Hering im Topf, Hering in saurer Sahne, mit Beeren angereicherter Hering sowie Hering in Tomaten- oder Senfsoße.

Norwegen ist ein waldreiches Land. Die Holzschnitzerei zählt daher zu den traditionellen Handwerken. Es werden bunt bemalte Holzfiguren hergestellt, die Rentiere, Vögel oder andere Tiermotive darstellen. Beliebt sind außerdem Wikingerschiffe oder Fischerboote aus Holz im Miniaturformat. Trolle in verschiedenen Formen und Größen sind typisch norwegische Souvenirs. Der Troll ist ein Fabelwesen, das in der norwegischen Mythologie eine große Rolle spielt. Trolle sind die Hüter des Waldes und stehen daher als geschnitzte Figur in fast jedem norwegischen Haushalt. Die wenigsten Menschen wissen, dass die Büroklammer eine Erfindung aus Norwegen ist. Als praktische Mitbringsel für Zuhause sind hölzerne Büroklammern optimal geeignet. Beim Reisen durch Norwegen wird sportlich-funktionelle Bekleidung sowie eine passende Sport- oder Campingausrüstung benötigt. Hochwertige Sportkleidung namhafter Marken findet man in den Fachgeschäften und Shoppingmalls größerer Städte. Flauschige Accessoires wie gestrickte Mützen, Halstücher und Handschuhe sind in den Läden, die sich auf Strickmode spezialisiert haben, erhältlich. Als Souvenirs erinnern bunt bestickte Tischtücher, Wandbehänge und Webteppiche sowie reich verzierte Trachten an den Urlaub in Norwegen.

FINNMARK

2h

1. Alta - Uralte Steinzeit und Nordlichter entdecken
2. In Hammerfest Radfahren auf dem Leuchtturmwärterpfad

4h

3. Eine faszinierende Vogelbeobachtung in Varanger
4. Die Kultur der Samen in Karasjok (1) und Kautokeino (2) erleben

8h

5. Moor und Nadelwälder im Øvre-Pasvik-Nationalpark erkunden

Einfach QR-Code scannen und Google Maps Karte mit allen 55 Erlebnissen eingezeichnet ansehen.

Oder via Direktlink: www.gamikaze.ch/maps/norwegen

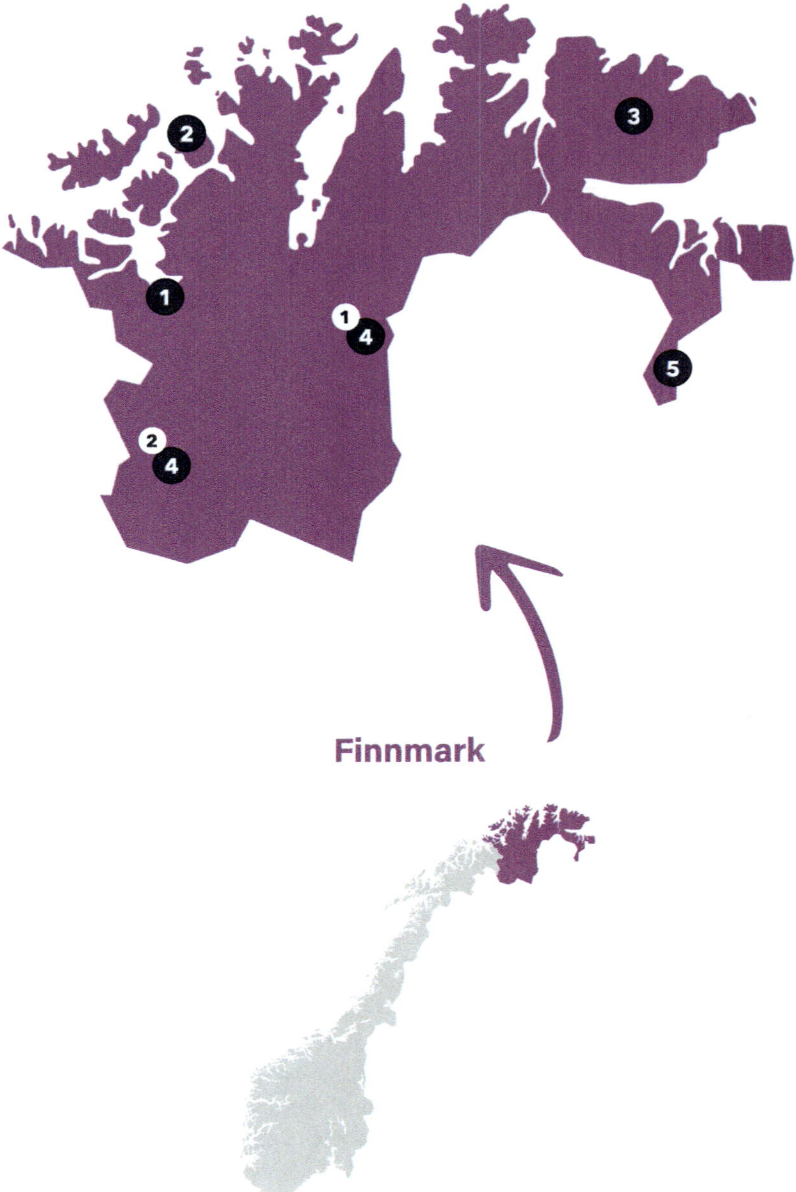
2
3
1
1
4
5
2
4
Finnmark

ALTA

Uralte Steinzeit und Nordlichter entdecken

Im Norden Norwegens in der Provinz Finnmark gelegen, ist Alta eine der nördlichsten Städte des Landes. Die circa 21.000 Einwohner zählende Kleinstadt Alta befindet sich am Ende des Altafjords.

Die Sichtung der Nordlichter, für die dieser Ort bekannt ist, haben die Architekten beim Errichten der Nordlichtkathedrale im Jahr 2013 inspiriert. Das Sakralgebäude, das vollständig aus Beton besteht und mit Titanplatten verkleidet ist, ist die größte Kirche und die bekannteste Sehenswürdigkeit der Stadt. Zur Innenausstattung der Nordlichtkathedrale zählt die 4,3 Meter hohe, vom dänischen Künstler Peter Brandes geschaffene Christusfigur. Die aus Bronze gegossene Figur wiegt zusammen mit dem Sockel etwa zwei Tonnen. Schön anzusehen ist das Taufbecken aus Marmorstuck, welches aus 32 verschiedenen Blautönen besteht. Schon vor mehr als 15.000 Jahren soll das Gebiet, in dem sich die heutige Stadt Alta befindet, von Menschen bewohnt gewesen sein. **Eindrucksvolle Zeichen früher Besiedlungen sind die Felsritzungen, die im Alta-Museum bei einem Rundgang auf dem**

Uralte Felszeichnungen in Alta

5 Kilometer langen Lehrpfad zu sehen sind. Die ältesten Ritzungen sollen circa 6.200 Jahre alt sein und aus der Steinzeit stammen, während die jüngsten Felsritzungen etwa vor 2.500 Jahren entstanden sein sollen. Mittlerweile haben Archäologen die eingeritzten Figuren mit roter Farbe nachgemalt, um die Sichtbarkeit zu erhöhen. Die Felsritzungen von Alta zählen zum UNESCO-Weltkulturerbe. Vom Alta-Museum bietet sich ein toller Ausblick auf den Altafjord.

Nach Alta reist man wegen des Polarlichts. Die Stadt besitzt sogar ein eigenes Polarlicht-Observatorium. Wissenschaftliche Beobachtungen von Polarlichtern wurden in der Region Alta schon in den 1830-er Jahren durchgeführt. Das Ziel der Forschungsarbeiten besteht darin, die Höhe, in der Nordlichter auftreten können, über Triangulation zu erforschen. Das im Jahr 1944 errichtete und im Weltkrieg niedergebrannte Gebäude wurde in den 1980-er Jahren aufwendig restauriert.

Alta ist ein ganzjähriges Ausflugs- und Urlaubziel. In den Wintermonaten kann im Licht der Mitternachtssonne gewandert oder am Fluss Altaelva geangelt werden. Die Erkundung der größten Schlucht Nordeuropas und das Entdecken der berühmten Felsritzungen sind zu jeder Jahreszeit möglich. In den Sommermonaten werden Ausflüge mit dem Quad angeboten, während im Winter Touren mit dem Hundeschlitten oder mit dem Schneemobil stattfinden. Bei mehrtägigen Ausflügen wird im Eishotel oder im Lavvu, einem typisch nordischen, Tipi-ähnlichen Zelt übernachtet.

In Alta gibt es zu jeder Jahreszeit viel zu entdecken. Das Alta-Museum führt nach Voranmeldung Führungen für Gruppen durch. Es stehen zudem Audioguides in Deutsch zur Verfügung. Geöffnet ist das Museum täglich zwischen 9 und 19 Uhr. Die Stadt bietet das ganze Jahr über verschiedene Kulturangebote an und gilt als eine sehr lebendige, jugendliche Stadt. Im Zentrum befinden sich eine Vielzahl beliebter Bars, in denen auch Live-Unterhaltung stattfindet. Regelmäßig treten in bekannten Bars und Clubs berühmte Künstler auf.

Mitternachtssonne auf der Insel Sørøya

#2

2h

IN HAMMERFEST
Radfahren auf dem Leuchtturmwärterpfad

Die nördlichste Stadt der Welt befindet sich in Norwegen. Hammerfest liegt auf demselben Breitengrad wie der Norden Alaskas und Sibiriens.

Trotz ihrer besonderen Lage im äußersten Norden Norwegens gibt es in Hammerfest keinen Dauerfrostboden, sodass die Stadt und die Umgebung auch beim Fahrradfahren entdeckt werden können. In den Wintermonaten ist zwar häufig mit Schneefällen zu rechnen, im Sommer scheint hingegen 24 Stunden pro Tag die Sonne. **Zum Gemeindegebiet von Hammerfest zählen auch Teile der Inseln Seiland und Sørøya.** In unmittelbarer Umgebung befinden sich kleinere Inseln wie Håja und Melkøya, die ebenfalls zum Stadtgebiet gezählt werden. Beliebte Sehenswürdigkeiten in Hammerfest sind der Aussichtspunkt Salen, das Wiederaufbaumuseum, die **Lutherische Kirche** mit der gegenüberliegenden Kapelle sowie die von deutschen Freiwilligen erbaute St. Michael Kirche. Vom Salen-Aussichtspunkt, der sich circa 80 Meter über der Innenstadt befindet, kann die gesamte Stadt und die Umgebung überblickt werden. Eine interessante Ausstellung über den

Wiederaufbau von Hammerfest nach der Zerstörung der Stadt im Zweiten Weltkrieg wird im Wiederaufbaumuseum gezeigt. In der Region finden sich zahlreiche Grabstätten, die aus der Steinzeit stammen.

Der Ortsname Hammerfest soll auf eine Ansammlung größerer Felsen, die als Bootsanlegestellen genutzt wurden, zurückgehen. Darauf deutet das altnordische Wort Hamarr, das „steiler Berghang" bedeutet, hin. **Die reizvolle Kleinstadt im hohen Norden kann mit dem Fahrrad entdeckt werden.** In Hammerfest sind auch E-Bikes zu mieten und es werden geführte Radtouren angeboten. Eine sehr beliebte Radstrecke ist ein etwa 4,5 Kilometer langer Rundweg, der in der Nähe von Hammerfest beginnt. Die Fahrradstrecke wird als einfach eingestuft und kann auch von ungeübten Radfahrern bewältigt werden. Da sich der Radweg ebenfalls gut für Spaziergänge und zum Trailrunning eignet, sind vor allem an den Wochenenden viele Menschen dort unterwegs. **Als Fahrradausflug beliebt ist die Tour auf dem alten, inzwischen umgestalteten Leuchtturmwärterpfad auf der Insel Sørøya, auf die man von Hammerfest mit dem Boot gelangt.** Beim Radeln über die Leuchtturmwärterstrecke ist die außergewöhnliche Küstennatur zu sehen. Unterwegs kommt man am höchsten Leuchtfeuer Norwegens, dem Kjøttvikvarden, vorbei.

i

Die Stadt Hammerfest liegt nördlich des Polarkreises. In der Region geht die Sonne zwischen Mitte Mai und Ende Juli nicht unter. Im Winter ist es hingegen zwischen Ende November und Ende Januar auch tagsüber dunkel. Die landschaftlich reizvolle Umgebung eignet sich optimal für Fahrradtouren und zum Trailrunning. Mietfahrräder und E-Bikes können in Hammerfest angemietet werden. Es ist ratsam, beim Radfahren atmungsaktive, wetterfeste Bekleidung zu tragen. Ein Regenschutz ist auch in den Sommermonaten zu empfehlen.

Lutherische Kirche in Hammerfest

Varanger Halbinsel

#3

4h

Eine faszinierende Vogelbeobachtung in VARANGER

Im äußersten Nordosten Norwegens befindet sich die Region Varanger. Die Varanger-Halbinsel und der Varangerfjord gehören zur Provinz Finnmark. Eine kontrastreiche Natur, zerklüftete Klippen, Birkenwälder und Moorlandschaften prägen die Gegend.

Hier sind zahlreiche Vogelarten beheimatet, die in Europa sonst nirgendwo zu sehen sind. Unter Vogelbeobachtern gilt die Varanger-Region als eines der exklusivsten, aber auch abenteuerlichsten Ziele zum Beobachten verschiedener Vogelarten. Etwa 40.000 Vögel soll es in dieser nordischen Landschaft geben. Da sich verschiedene Biotope auf engstem Raum befinden, können Land-, Wasser-, See- und Bergvögel zugleich beobachtet werden. **Die beste Zeit, um Zugvögel entlang der Küste zwischen Vardø und Varangerbotn zu beobachten, ist zwischen Anfang Juni und Mitte Juli. Tägliche Bootstouren führen in das Hornøya Naturreservat, das sich auf einer Vardø vorgelagerten Insel befindet und eine beliebte Vogelbeobachtungsstelle ist.** Im Naturpark Hornøya nisten Möwen, Eiderenten und Papageitaucher. Ein

Prachteiderente

Kormoran

weiteres Naturschutzgebiet gibt es im Bereich des kleinen Ortes Komagvær. Dort können Falken, Seeadler und Bussarde beobachtet werden. Viele interessante Beobachtungspunkte für Zugvogelarten wie Küstenseeschwalbe, Schmarotzerraubmöwe, Kormoran, Eiderente und Prachteiderente liegen in Ekkerøy, Nesseby und Varangerbotn. Ein Großteil der Varanger-Halbinsel besteht aus Tundra. Niedrige Temperaturen haben das Baumwachstum weitgehend verhindert, sodass Sträucher und Büsche die Landschaft prägen. Vögel beobachten ist in Varanger zu jeder Jahreszeit möglich.

Im Winter, während der Polarnächte zwischen Ende November und Anfang Januar, sind nur wenige Vogelarten in der Region anzutreffen. Dennoch entdeckt man hier Eiderenten, Prachteiderenten, Eisenten und Scheckenten. Der Frühlingsbeginn ist eine gute Zeit, um überwinternde und brütende Vögel zu beobachten. Die Vogelfelsen sind in den Frühjahrsmonaten von unzähligen Seevögeln bewohnt. Bei Fahrten durch das Landesinnere entdeckt man die ersten Sing- und Watvögel, die nach dem Überwintern wieder in die Region zurückkehren. Da das Wetter in Nordnorwegen im Frühling sehr wechselhaft ist, sind sowohl Sonnenschein, aber auch heftige Schneestürme möglich. Die Mitternachtssonne im Sommer ermöglicht eine besondere Art der Vogelbeobachtung. In dieser Zeit schlüpfen auch die ersten Jungvögel. Vogelbeobachtungstouren können zu jeder Tages- und Nachtzeit stattfinden, da die Sonne zwischen

Hafengebiet in Vardø

Mai und Juli nicht untergeht. Auch die Altvögel nutzen dieses meteorologische Phänomen, um die frisch geschlüpften Nestlinge rund um die Uhr mit Nahrung zu versorgen, sodass diese schnell heranwachsen. In der Tundra begegnet man im Sommer verschiedensten Singvögeln. Wenn die Sonne in Nordnorwegen ab Mitte August wieder untergeht und im September die ersten dunklen Nächte zu verzeichnen sind, nimmt auch die Anzahl der Vogelarten auf der Varanger-Halbinsel langsam ab. Im frühen Herbst können Vögel vor allem im Süden Varangers beobachtet werden. Vogelbeobachtungen sind auf eigene Faust möglich, es bestehen aber auch Möglichkeiten, an organisierten Ausflügen zum Vögel beobachten teilzunehmen.

i

Die Region Varanger befindet sich im Norden Norwegens. Die Gegend zählt zu den am besten erreichbaren arktischen Vogeldestinationen. In einem einzigen Tag können verschiedene Landschaften wie die Taiga, Tundra sowie die arktische Küste mit dem Mietauto durchquert werden. Die Landschaftsroute Varanger, die durch eine kontrastreiche Natur führt, erweckt den Eindruck, dass man unterwegs zum Ende der Welt ist. Entlang des Varangerfjords gibt es auch Fahrradwege. Als Startpunkt einer Mountainbiketour wird Varangerbotn empfohlen.

Altaelva-Fluss

KULTUR DER SAMEN
in Karasjok und Kautokeino erleben

Die Samen (früher Lappen genannt) gelten als Ureinwohner des hohen Nordens. Die heutigen Siedlungsgebiete dieses Urvolks erstrecken sich über mehrere skandinavische Länder.

Menschen, die zum Kulturkreis der Samen gehören, leben in Norwegen, Schweden und Finnland. Außerdem sind die Sami in einigen der nördlichen Regionen, die zur Russischen Föderation zählen, beheimatet. Es werden verschiedene samische Sprachen gesprochen, die zur Familie der uralischen Sprachen gehören. **Die politische und kulturelle Hauptstadt der in Norwegen ansässigen Sami ist Karasjok in der Provinz Finnmark.** In der etwa 3.000 Einwohner zählenden Gemeinde befindet sich das autonome Parlament der Volksgruppe der Samen sowie das Museum für samische Kultur. In diesem seit 1972 bestehenden Freiluftmuseum werden Ausstellungsstücke, die typisch für den Alltag und die Geschichte der Sami sind, gezeigt. Das Städtchen Karasjok liegt in landschaftlich schöner Umgebung am Hochplateau Finnmarksvidda nicht weit von der norwegisch-finnischen Grenze entfernt. Im Ort gibt es eine samische Schule,

Parlament der norwegischen Samen in Karasjok

an der nicht nur die alte Sprache des Urvolkes, sondern auch Traditionen wie die Rentierzucht gelehrt werden. Lokale Nachrichten werden über die „Sami Àigi", einer Lokalzeitung aus Karasjok, die in samischer Sprache erscheint, verbreitet. Die besten Reisezeiten für die Erkundung dieser Region sind das Frühjahr und der Sommer. **Während der Osterfeiertage sieht man in Karasjok zahlreiche Bewohner in ihren farbenfrohen Trachten mit der markanten Kopfbedeckung zur Kirche fahren.** Das Gotteshaus, das 1974 eingeweiht wurde, ist eine schlichte Holzkonstruktion. Die Predigten werden in zwei Sprachen, in norwegisch und samisch gehalten. Im hohen Norden Norwegens scheint die Sonne im Frühling circa 12 Stunden täglich und somit wesentlich länger als in mitteleuropäischen Breiten. Die Landschaft ist in den Frühlingsmonaten oft von einer hohen Schneedecke bedeckt. Bei einem Rundgang durch das Dorf erlebt man die Kultur der Sami und entdeckt die Lebensweise der einstigen Ureinwohner des Nordens.

Ebenfalls in der Provinz Finnmark gelegen ist Kautokeino, eine Kleinstadt, deren überwiegender Teil der Bevölkerung von den Sami gebildet wird. Kautokeino liegt in der Finnmarksvidda am Ufer des Altaelva-Flusses und ist etwa 120 Kilometer von Alta entfernt. In Kautokeino lebt man von der Rentierzucht. Es wird behauptet, dass neben den etwa 3.000 Einwohnern auch 100.000 Rentiere dort leben. Seit einiger Zeit gewinnt der Tourismus in Kautokeino an wirtschaftlicher Bedeutung. Die Region ist für ihre farbenprächtigen Nordlichter bekannt. Im Städtchen selbst gibt es eine Kunstgalerie sowie das RiddoDuottarMuseat, ein Museum, in dem samische Volkstrachten, traditionelle Werkzeuge sowie Objekte samischer Baukunst zu sehen sind. Das aus mehreren Gebäuden bestehende Freiluftmuseum beherbergt auch eine Ausstellung alter Fanggeräte.

Besonders lebhaft geht es in Kautokeino während der Osterzeit zu. An den Osterfeiertagen findet die Weltmeisterschaft im Rentierschlittenrennen statt. Gleichzeitig wird auch der Sámi Grand Prix, ein seit 1990 jährlich stattfindender samischer Musikwettbewerb, der als kultureller Höhepunkt der Osterfeierlichkeiten gilt, ausgetragen. Während des Osterfestes besteht die Gelegenheit, in einem Rentierschlitten mitzufahren oder sich mit dem Scooter zu den Rentierherden auf dem Fjell (Berg) in der Umgebung zu begeben.

Früher lebten die Sami in der Region vorwiegend als Halbnomaden, die mit ihren Rentieren von einem Platz zum nächsten zogen. Sesshaft wurden sie erst im 17. Jahrhundert während der Christianisierung im hohen Norden Norwegens. Die Gemeinde ist auch als wichtiger Etappenort für das Hundeschlittenrennen, des alljährlich stattfindenden Finnmarksløpet, bekannt.

4h Finnmark

Kautokeino

Traditionelle farbenfrohe Samibeutel

Das im hohen Norden Norwegens gelegene Karasjok ist von Oslo aus mit dem Zug oder dem Flugzeug nach Alta und von dort aus mit dem Bus erreichbar. Am besten lässt sich ein Ausflug in diese Stadt mit einer Nordtour oder einer Rundreise verbinden.

Kautokeino ist flächenmäßig die größte Kommune in Norwegen. Das Dorf liegt in der Nähe des Iešjávri-Sees, eines großen, fischreichen Gewässers, das für seinen intakten ökologischen Zustand bekannt ist. Kautokeino ist mit dem Bus von Alta aus erreichbar.

Moor und Nadelwälder erkunden im ØVRE-PASVIK NATIONALPARK

Der Øvre-Pasvik-Nationalpark liegt in der Provinz Finnmark und wurde schon im Jahr 1970 zum Naturpark erklärt. Das geschützte Gebiet, das 2003 erweitert wurde, umfasst mittlerweile eine Fläche von etwa 119 Quadratkilometern.

In der Sprache der Samen, des ursprünglichen, im Norden Norwegens ansässigen Volkes, heißt der Nationalpark „Báhčaveaji álbmotmeahcci". Im Dreiländereck Norwegen-Finnland-Russland gelegen, ist der Øvre-Pasvik-Nationalpark außerdem das größte noch weitgehend unberührte Nadelwaldgebiet im Norden Europas. Es wird angenommen, dass es auf dem Gelände des heutigen Parks vom 6. bis zum 19. Jahrhundert samische Siedlungen gab. Bei Ausgrabungen auf dem Gelände wurden sogar Siedlungsreste aus der Steinzeit gefunden. Heutzutage ist der Nationalpark Øvre-Pasvik vor allem für seine Bärenpopulation bekannt. Außer Bären sind auch Füchse, Wiesel und Hermeline im Naturpark zu

Hause. In seltenen Fällen werden Wölfe in der Gegend beobachtet. Der Wolf ist jedoch jenseits der norwegischen Grenze beheimatet. Man schätzt, dass der Park von circa 2.500 Rentieren als Winterweide genutzt wird. Beim Trekking durch den Øvre-Pasvik-Nationalpark kann man Elchen begegnen, Raubvögel wie den Steinadler, Bussard, Falken sowie einige seltene Sing- und Wattvogelarten beobachten. Der Naturpark, der sich circa 100 Kilometer südlich von Kirkenes befindet, kann auf eigene Faust durchquert werden, es existieren allerdings keine markierten Wege, sodass GPS empfohlen wird. Im Park gibt es einige einfache Übernachtungsmöglichkeiten in unverschlossenen Holzhütten. Die bekanntesten und häufigsten benutzten Schutzhütten sind Ødevannskoia und Ellenvannskoia. Der Øvre-Pasvik-Nationalpark grenzt unmittelbar an das gleichnamige Naturschutzgebiet sowie an das Pasvik Naturreservat und das Gjøkvassneset Naturreservat. Die einzigartige Naturlandschaft bildet zusammen mit dem Vätsäri Wildnisgebiet in Inari (Finnland) und dem Pasvik Zapovednik in Petschenga auf russischer Seite ein größeres Naturschutzgebiet. Die drei Nachbarländer widmen sich mit einem gemeinsamen Forschungs- und Tourismusprojekt der Erkundung dieser typisch nordischen Naturlandschaft. **Der genaue Punkt, an dem die Staatsgrenze Norwegens und die Grenzen Russlands und Finnlands aufeinandertreffen, wird durch den „Dreiländerstein" markiert.** Es ist allerdings nicht gestattet, um den großen Stein herumzugehen, da sonst eine Ländergrenze überquert würde. Vom Aussichtspunkt Høyde 96 hat man eine schöne Aussicht bis zur russischen Kleinstadt Nikel, die sieben Kilometer von der norwegischen Grenze entfernt liegt.

i

Der Øvre-Pasvik-Nationalpark besteht aus grünen Wäldern, Seen und Mooren. Das Gebiet im Dreiländereck zwischen Norwegen, Finnland und Russland ist eher flach und nur von norwegischer Seite aus erreichbar. Beim Wandern durch die Moorlandschaften in der Nähe der Grenzstein-Pyramide läuft man entlang der norwegisch-russischen Grenze. Das Highlight dieser „Grenzwanderung" ist der pyramidale Grenzstein Treriksrøysa. Dieser Stein soll den Punkt markieren, an dem drei Länder und drei Zeitzonen zusammentreffen.

TROMS

2h

6 Besuch der Arktischen Kathedrale in Tromsø

7 Die Gegend um Lyngen mit dem Hundeschlitten erkunden

8 Wale und Seevögel im Nordmeer beobachten

9 Faszinierende Lichtspiele am Himmel von Tromsø

4h

10 Tor zur Arktis - Das urbane und unberührte Bardufoss entdecken

8h

11 Skifahren zwischen Gebirgsgipfeln und Wasserfällen in Målselv

12 Die Insel Kvaløya bei einer Schneeschuhtour erkunden

Einfach QR-Code scannen und Google Maps Karte mit allen 55 Erlebnissen eingezeichnet ansehen.

Oder via Direktlink: www.gamikaze.ch/maps/norwegen

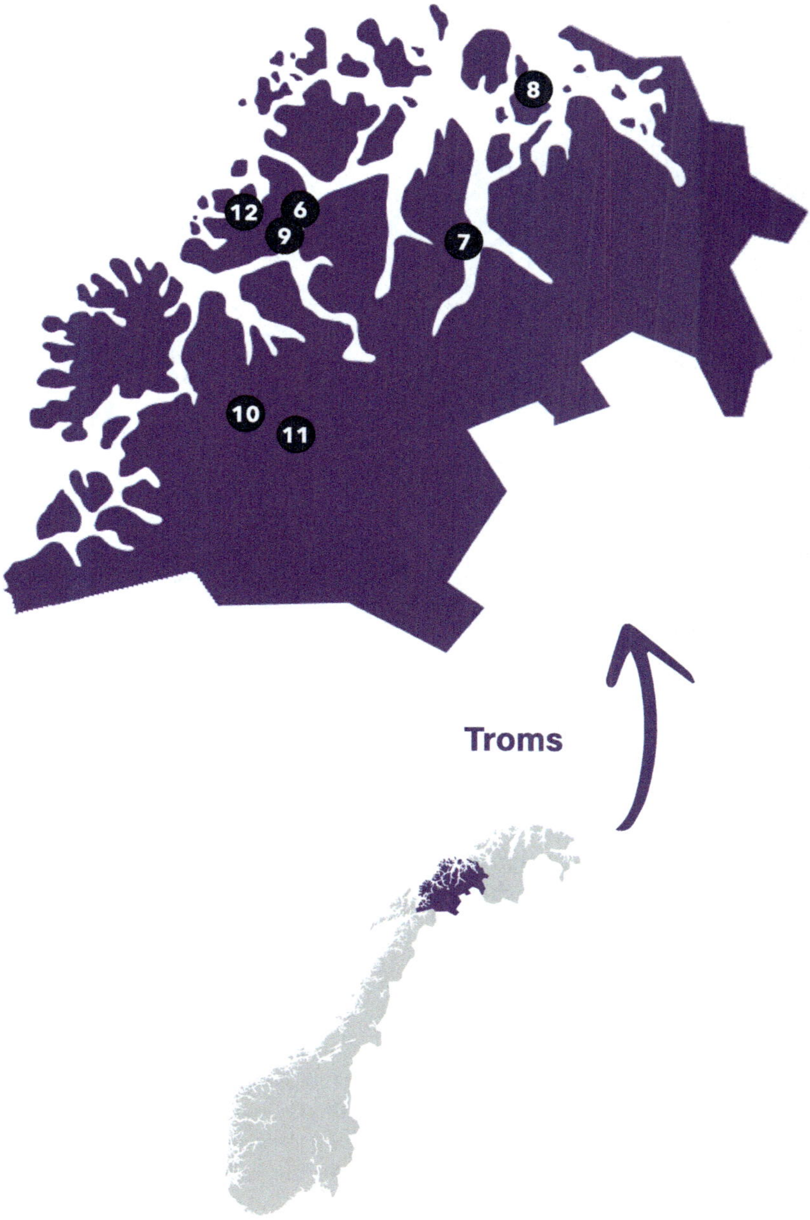
8
12
6
9
7
10
11
Troms

Besuch der Arktischen Kathedrale **IN TROMSØ**

Die in der Provinz Finnmark gelegene Stadt Tromsø befindet sich inmitten der Arktis. Das Wahrzeichen der Stadt, die Arktische Kathedrale, ist ein Monument mit besonderem Charme.

Die Eismeerkathedrale ist zwar keine echte Kathedrale, sondern eine Seefahrerkirche, ihr Baustil gilt jedoch als einzigartig. Seit ihrer Errichtung im Jahr 1965 auf einem Hügel am Stadtrand ist die Arktische Kathedrale eines der am meisten besuchten Bauwerke des Landes. Eine Besonderheit sind die Dachschrägen, die aus mit feuerbeschichtetem, perlgrauem Aluminium verkleidetem Beton bestehen und bis an den Boden reichen. Sie wirken wie aufgeschichtete Eisplatten und bilden im Süden und Norden der Kirche zugleich die Außenwand. Bei der Erbauung der Eismeerkathedrale wurde ein neuer Leichtbeton, der ausgezeichnete Dämmeigenschaften aufweisen soll, verwendet. Die vier Meter breiten und 30 Zentimeter dicken Elemente wurden zusätzlich mit Stahl verstärkt, damit die Arktische Kathedrale auch den extremen Wetterbedingungen im Norden Norwegens standhält.

Ein weiteres Highlight ist das ungewöhnliche Beleuchtungskonzept. Die Fenster der Kirche sind mit speziellen Leuchtröhren ausgestattet, die Außenflächen und Innenraum zugleich beleuchten und im Inneren der Arktischen Kathedrale für eine stimmungsvolle Atmosphäre sorgen. Der Innenraum der Arktischen Kathedrale wird durch massive Eichensitzbänke, elegante, von der Decke herabhängende Kronleuchter und der Kanzel geprägt. Die Kanzel ist bewusst einfach gehalten, sodass das Augenmerk auf das mehrfarbige, 23 Meter hohe Glasmosaik, welches den „Return of Christ" darstellen soll, gelenkt wird. In den Wintermonaten wird die Arktische Kathedrale auch von außen beleuchtet, was von Weitem einen spektakulären Eindruck macht. Der besondere Architekturstil der Kathedrale spiegelt die arktische Natur der Region wider. Ihr Aussehen scheint sich durch die Beleuchtung mit verschiedenfarbigen Lichtern ständig zu ändern. Das arktische Licht, das besonders hell und strahlend wirkt, verleiht dem futurischen Gebäude ein besonderes Flair. Die Arktische Kathedrale steht auf dem Besichtigungsprogramm der meisten organisierten Stadtführungen. Im Sommer finden in der Eismeerkirche auch Konzerte statt. Besonderer Beliebtheit erfreuen sich die Mitternachtssonnenkonzerte, sodass empfohlen wird, sich frühzeitig um Eintrittskarten zu kümmern.

Die Arktische Kathedrale ist ein besonderes Monument, das zu den am meisten besuchten Sehenswürdigkeiten der Region zählt. Der Besuch des Kircheninneren ist gebührenpflichtig, gilt jedoch als sehr empfehlenswert. Bei Konzerten und anderen Veranstaltungen ist es ratsam, sich rechtzeitig um Eintrittskarten, die auch online verfügbar sind, zu kümmern. Die Eismeerkathedrale ist rund ums Jahr geöffnet, die Öffnungszeiten können je nach Saison variieren. Zu Abweichungen kann es auch an Weihnachten und anderen kirchlichen Feiertagen kommen.

Arktische Kathedrale

#7

2h

Die Gegend um Lyngen mit dem HUNDESCHLITTEN ERKUNDEN

Die Gebirgslandschaft der Lyngenalpen zählt zu den schönsten Gebirgen Skandinaviens. Im Westen wird die Halbinsel vom Ullsfjord begrenzt, während im Osten der Lyngenfjord liegt. Die Gegend um Lyngen ist beliebter Ausgangspunkt für Hundeschlittenfahrten.

Früher waren Schlittenhunde das wichtigste Transportmittel in dieser arktischen Region. Hundeschlitten sind oftmals die einzige Möglichkeit, um abgelegene Orte zu erreichen. Heutzutage werden die speziell für diese Aufgabe trainierten Hunde vor allem für Ausflüge eingesetzt. Bei einer Hundeschlittenfahrt geht es mitten in die Wildnis. Ringsum von der Natur umgeben, können die offene Tundra, dichte Pinienwälder und hohe Berge entdeckt werden. Organisierte Hundeschlittenausflüge in Lyngen sind für jedes Alter geeignet. Am Startpunkt erwarten den Reisenden zutrauliche Alaska-Huskys, die auch gestreichelt werden dürfen. Nach einer Einweisung durch den Veranstalter, der die

Route sowie den richtigen Umgang mit den Hunden erklärt, setzt sich das Hundegespann in Bewegung. Ein Hundeschlitten wird meist mit zwei Personen besetzt, von denen einer die Aufgabe des Fahrers (Musher) übernimmt und der andere sich als Fahrgast bequem zurücklehnen kann. Während der Fahrt werden allerdings die Plätze getauscht, sodass jeder einmal die Huskys befehligen darf. Die liebenswerten Schlittenhunde sind darin geübt, den Hundeschlitten auch auf hügeligen Wegen zu ziehen. Huskys sind wendig und gelten als gesellig und freundlich, sodass auch unerfahrene Urlauber das Hundegespann steuern können. Die Lyngenalpen erstrecken sich in nord-südlicher Richtung über etwa 90 Kilometer. Das Gebirge ist circa 15 bis 20 Kilometer breit. Touristisch ist die Region bislang wenig erschlossen, was sie besonders reizvoll für Entdeckungstouren macht. In der alpenähnlichen Landschaft gibt es über 60 Gipfel, die mehr als 1.000 Meter hoch sind. Eine Hundeschlittenfahrt im hohen Norden Norwegens ist eine besondere Erfahrung, die mit viel Spaß, aber auch mit körperlichem Training verbunden ist. Ausflüge mit dem Hundeschlitten werden in der Saison zwischen Anfang Dezember und Anfang April täglich durchgeführt. Ob eine Tour stattfindet, ist witterungsabhängig. Meist nehmen kleinere Gruppen an einem Hundeausflug teil. Obwohl es keine festgelegte Altersgrenze gibt, gilt eine Schlittentour durch die arktische Region Norwegens als ungeeignet für Kinder unter 12 Jahren. In Begleitung Erwachsener werden von vielen Veranstaltern auch Kinder ab 6 Jahre akzeptiert. Husky-Mushing ist ohne Vorkenntnisse möglich, die Teilnehmer sollten aber körperlich fit sein. Bei einem Hundeschlittenausflug muss jeder mit anpacken und deshalb in der Lage sein, den Hundeschlitten bergauf zu schieben. Für diese Anstrengungen wird man mit eindrucksvollen Erlebnissen, einer wunderschönen Landschaft und mit fröhlichem Bellen der charmanten Huskys belohnt.

i

In Nord-Norwegen werden mehrstündige (2 bis 3 Stunden), halbtägige und ganztägige Hundeschlittenausflüge angeboten. Mitzubringen sind warme, wetterfeste Bekleidung, beispielsweise ein Thermo-Winteranzug, Mütze und Handschuhe. Das Tragen bequemer Bergschuhe oder Winterstiefel wird empfohlen. Oft ist ein warmes Mittagessen inbegriffen, dies ist jedoch nicht immer der Fall. Da sich die Ausflüge abhängig vom Anbieter unterscheiden können, ist es ratsam, das Ausflugsprogramm genau zu lesen.

WALE UND SEEVÖGEL im Nordmeer beobachten

Im Nordmeer tummeln sich Wale, Fische sowie eine Vielzahl weiterer Meeresbewohner. Wale und Seevögel zu beobachten ist bei speziellen Wal- und Seevogel-Bootsfahrten, die vor allem ab Tromsø angeboten werden, möglich.

Der Hafen von Tromsø ist Ausgangspunkt für ein- und mehrtägige Polarwal- und Vogelsafaris. Außerdem bestehen Möglichkeiten, an mehrstündigen Schiffsausflügen, deren Ziel ebenfalls die Walbeobachtung ist, teilzunehmen. Schiffsfahrten führen häufig in Richtung Norden bis zur Insel Skjervøy. Auf der im nördlichen Teil der Provinz Tromsø gelegenen Insel befindet sich ein kleiner Fischerort, dessen Haupterwerbszweig die Meeresfrüchteindustrie ist. Berühmt wurde Skjervøy durch den Polarforscher Fridtjof Nansen, der den Inselhafen als Anlaufstelle für sein Forschungsschiff nutzte. Im Meer rund um Skjervøy werden Buckelwale und Orkas vermutet. Beim Wale beobachten sind diese riesigen Meeres-Säugetiere aus nächster Nähe zu sehen und es kann beobachtet werden, wie die Tiere durch Heringsschulen schwimmen. An der norwegischen Küste gibt es zudem Seeadler. Die Greifvögel, die zur Familie der Habichtartigen zählen, sind an ihrer dunkelbraunen Grundfarbe erkennbar. Mit einer Flügelspannweite, die bis zu 2,50 Meter betragen kann, ist der größte europäische Greifvogel nicht zu übersehen.

Während der Seeadler früher in vielen Ländern Europas verbreitet war, galt die Vogelart bereits Anfang des 20. Jahrhunderts als fast vollständig ausgerottet. Im nördlichen Norwegen sind bei Wal- und Vogelerkundungsausflügen mit dem Schiff hin und wieder einige Seeadler zu sehen. Neben Greifvögel, Buckel- und Schwertwalen sieht man auf einer Schiffsfahrt auch Möwen, Eiderenten, Kormorane und Grylltesten. Die im Norden von Norwegen gelegene Walinsel gilt als eines der besten Gebiete zur Walbeobachtung. Auf der Insel, die von mehreren Fjorden stark zergliedert ist, liegen auch einige Stadtteile der Stadt Tromsø. Organisierte Bootsfahrten zum Beobachten von Walen und Greifvögeln werden von verschiedenen ortsansässigen Dienstleistern durchgeführt und in der Regel von einer ortskundigen Reiseleitung begleitet, die unterwegs auch informiert. Da die Walausflüge abhängig von den Witterungsbedingungen das ganze Jahr über möglich sind, verfügen die Schiffe meist über Heizmöglichkeiten. Es ist dennoch ratsam, warme Oberbekleidung, Kopfbedeckung, feste Schuhe und Handschuhe mitzuführen. Für Snacks und Getränke an Bord sorgt oft der Veranstalter. Es ist empfehlenswert, sich zuvor über die Dauer und das Programm des Schiffsausflugs zu informieren.

i

Schiffsausflüge zur Walbeobachtung werden hauptsächlich ab Tromsø angeboten. Grundsätzlich sind halb-, ganztägige und mehrtägige Schiffstouren ganzjährig möglich, die Durchführbarkeit ist jedoch von den Witterungsbedingungen und dem Seewetter abhängig. Mitzubringen sind warme Kleidung und die Kamera zum Fotografieren. Da Hotelabholung und Rücktransfer nicht immer inbegriffen sind, ist es ratsam, sich zuvor über die Details der Schiffsreise zu informieren.

Seeadler

#9

2h

Faszinierende Lichtspiele am Himmel von TROMSØ

Farbenprächtige Lichtspiele am Himmel zählen zu den faszinierendsten Entdeckungen, die man in Norwegen machen kann.

Um die Polarlichter ranken sich zahlreiche Mythen. Früher galten die auch als Nordlichter bezeichneten Phänomene als Zauberei. Polarlichter entstehen, wenn es in der Hülle der Sonne zu Eruptionen kommt. Bei diesen Ausbrüchen verwandelt sich der Sonnenwind in einen heftigen Sturm, bei dem Milliarden Tonnen heißer Gase entweichen. Wissenschaftlichen Erkenntnissen zufolge sollen die Polarlichter, die in Nord-Norwegen vor allem im Herbst und Winter zu beobachten sind, auf einen Sonnensturm mit hoher Sonnenwindgeschwindigkeit hindeuten. Nordlichter sind nicht nur grün, sondern können auch blau, gelb oder sogar rot schimmern und wie ein faszinierendes Schauspiel am Himmel erscheinen. In Polarregionen wie im Norden Norwegens kommen Polarlichter hauptsächlich zwischen September und März vor. Daher gelten die Herbst-, Winter- und Frühjahrsmonate als beste Reisezeit, um die hellen Polarlichter zu beobachten. Zwischen schneebedeckten Bergen

und Fjorden fallen die farbenprächtigen Nordlichter besonders auf. Als Tor zur Arktis und idealer Ausgangspunkt zur Polarlicht-Beobachtung gilt die im Norden des Landes gelegene Stadt Tromsø.

Die Kleinstadt befindet sich auf dem Nordlichtoval. In diesem ringförmigen Gebiet ist das Magnetfeld der Erde durchlässiger als an anderen Orten, sodass Polarlichter häufiger vorkommen und gut zu beobachten sind. Die Wahrscheinlichkeit, blaue und rote Nordlichter, die in einer Höhe von 150 bis 600 Kilometern durch die Verbindung zwischen Sonnenteilchen und Stickstoff entstehen, zu sehen, ist in dieser Region am höchsten. Abhängig von der Stärke der Sonnenstürme und den Bestandteilen der Atmosphäre können bei Polarlichtern sogar auch spezielle Mischfarben wie Türkisblau oder Violett beobachtet werden. In seltenen Fällen sind weiße oder gelbe Lichterscheinungen möglich. Während schwache Nordlichter wie Schleierwolken aussehen und Bögen am Himmel bilden, haben stärker ausgeprägte Polarlichter sehr intensive Farben. Das schönste Erlebnis beim Beobachten dieser Lichterscheinungen ist, die schnellen Bewegungen der Polarlichter zu verfolgen und zu sehen, wie die bunten Lichter am Himmel tanzen. In Tromsø werden in der Saison, in der Nordlichter vermehrt auftreten, auch organisierte Touren angeboten, wobei fotografiert werden darf. Es wird empfohlen, Bilder mit Langzeitbelichtung zu knipsen und beim Fotografieren möglichst ein Stativ zu verwenden.

#10

4h

TOR ZUR ARKTIS

Das urbane und unberührte Bardufoss entdecken

Bereits die Landung am Flughafen Bardufoss ist ein besonderes Erlebnis. Aus weiter Entfernung ist der 1.495 Meter hohe und immer von Schnee bedeckte majestätische Istinden zu sehen. Durch seine alpinen Merkmale hebt sich der Berg, der als bekanntestes Wahrzeichen von Troms gilt, von der ansonsten nordisch geprägten Landschaft ab.

Bardufoss ist ein kleines urbanes Zentrum mit ungefähr 2.500 Einwohnern. Die Ortschaft ist für Norwegen militärisch von Bedeutung, da sie Standort mehrerer militärischen Einheiten ist. Am Flugplatz, der gleichermaßen vom Zivilverkehr als auch für militärische Zwecke genutzt wird, sind zwei Hubschrauberstaffeln sowie eine Drohnen-Staffel stationiert. Die Gegend ist wegen ihrer herausragenden Naturschauspiele ein beliebtes Ausflugsziel für Bergwanderungen und Skitouren. In dieser Region befindet sich der Målselvfossen-Wasserfall. An diesem etwa 600 Meter langen und zu den schönsten Wasserfällen Norwegens zählenden Gewässer trifft man mit etwas Glück auf größere Lachsschwärme. Der Målselvfossen-Wasserfall eignet sich ideal für einen Angelausflug. Eine Wanderung in der bergigen Landschaft lässt sich gut mit einem Besuch im Midt-Troms Museum, das etwas außerhalb von Bardufoss liegt, verbinden. Im Midt-Troms Museum sind interessante Ausstellungsstücke aus der Region zu sehen. Das Museum widmet sich der Sammlung und Pflege materieller Zeugnisse in Bereichen wie der Fischerei, Forstwirtschaft, Bodenschätze und der Verteidigungsgeschichte Norwegens. Ebenfalls in Bardufoss befindet sich der Polarbadet-Wasserpark, der Attraktionen für die ganze Familie bietet. Neben Wasserrutsche, Sprungturm und anderen Wasserattraktionen gibt es dort auch einen Innen- und Außenwhirlpool, ein Sportbecken, ein Therapiebecken sowie eine Sauna und eine türkische Dampfsauna. Geöffnet ist der Polarbadet-Wasserpark täglich zwischen 11 und 17 Uhr (außer montags).

Målselvfossen

#11

8h

Skifahren zwischen Gebirgsgipfeln und Wasserfällen **IN MÅLSELV**

In einem nordischen Land wie Norwegen, in dem der Winter sehr lange dauert und schneesicher ist, ist Skifahren fast das ganze Jahr über möglich. Im Südosten der Provinz Troms erstreckt sich das Skigebiet von Målselv inmitten einer beeindruckenden Berglandschaft.

Die Landschaft wird durch schroffe Felsen, sanfte Täler und gewaltige Gebirgsgipfel geprägt. Anfänger und erfahrene Skifahrer finden in diesem Gebiet, das bis zur Nordküste Norwegens reicht, eine Vielzahl von Abfahrtsmöglichkeiten mit leichtem, mittlerem und anspruchsvollem Schwierigkeitsgrad. Im Skigebiet Målselv Fjellandsby erwarten den Besucher beinahe zu jeder Jahreszeit (Ausnahme: Hochsommer) gepflegte Abfahrtspisten und Langlaufloipen. Beim Skifahren durch die alpine Tundra sieht man im Frühling blühende Pflanzen, verschiedene arktische Rhododendronarten, Zwergbirken sowie grüne Kiefernwälder. Unterwegs beim Skiwandern kann man

Rentieren begegnen. Zum Snowboarden und Skifahren stehen im Skigebiet Målselv Fjellandsby etwa 13,3 Kilometer Pisten zur Verfügung. Drei Lifte sind in Betrieb, um die Gäste auf das in einer Höhe von circa 550 Meter liegende Wintersportgebiet zu befördern. Für Einsteiger gibt es einen Anfängerbereich mit Förderband sowie einen Snowpark. Am Berg gelegen befindet sich ein Welcome-Center mit Rezeption, ein Skicafé, das norwegische Küche serviert sowie ein Pub mit Après-Ski. Außerdem gehören ein Sportgeschäft, Skiverleih sowie ein Tagungs- und Konferenzzentrum zum Målselv-Skizentrum.

Da das Hauptskigebiet in Målselv Fjellandsby nur etwa 100 Meter vom Ortszentrum entfernt ist, ist es bequem zu Fuß erreichbar. Die kleine, circa 6.000 Einwohner zählende Kommune Målselv gilt als perfekter Ausgangspunkt für Wanderungen und Skiausflüge zu den Gipfeln des Istind und des Blåtinden. Der Ort soll gegen Ende des 18. Jahrhunderts, als sich Bauern aus Südnorwegen dort ansiedelten, gegründet worden sein. Zuvor war die Gegend um Målselv ein Teil des Siedlungsgebiets samischer Nomaden, die dieses weite Binnenland mit ihren Rentieren durchquerten. Nach geltendem norwegischem Recht ist es den Sami heute noch gestattet, einen Großteil der Fläche für ihre Rentierzucht zu nutzen. Das moderne Målselv ist mittlerweile die größte Forstgemeinde im gesamten Landkreis.

i

Das Bergdorf Målselv befindet sich zwei Stunden Fahrtzeit von Narvik und Tromsø entfernt im Südosten der Provinz Troms. Der Ort ist am einfachsten über den Regionalflughafen in Bardufoss erreichbar. Außerdem verkehren regelmäßig Busse von Tromsø und Narvik nach Målselv. In den Sommermonaten ist die Gegend sehr grün, während im Winter mit starken Schneefällen zu rechnen ist. Für Skiurlaube und längere Aufenthalte findet man Hotels und Pensionen in der Region. Zudem gibt es einige Campingplätze. Eine besonders beliebte Campmöglichkeit befindet sich in der Nähe des Målselvfossen-Wasserfalls.

Istind Gipfel

#12

Die Insel Kvaløya bei einer **SCHNEE-SCHUHTOUR ERKUNDEN**

8h

Die arktische Wildnis auf Schneeschuhen zu durchwandern, ist die schönste Möglichkeit, die Insel Kvaløya zu entdecken. Die fünftgrößte Insel Norwegens, deren Name mit Walinsel übersetzt wird, befindet sich in der Provinz Troms.

Das von mehreren Fjorden stark zerklüftete Eiland ist am besten von der Stadt Tromsø aus zu erreichen. Hohe Gebirgszüge dominieren die ländlich geprägte Insel Kvaløya. Das nördlich von Tromsø gelegene Gebirge besteht größtenteils aus Tonaliten und Gneisen. Diese magmatischen Gesteine, die im Laufe der Zeit kaum metamorphen Einflüssen ausgesetzt waren, sind grau bis helldunkel. Es wird geschätzt, dass die Berglandschaft in dieser Region circa 2,88 Milliarden Jahre alt sein könnte. Am Ersfjorden, einem Fjord auf der Insel Kvaløya, entdeckt man den Ersfjordgranit, eine spezielle Form von Granit, der vor etwa 1,8 Milliarden Jahren entstanden sein soll. Mit einer maximalen Breite von 30,2 Kilometern und einer Länge von circa 46,6 Kilometern ist Kvaløya eine der größeren Inseln des Landes. Der höchste Berg ist der Store Blåmann mit einer Höhe von 1.004 Metern. Nordische Witterungsbedingungen tragen dazu bei, dass sogar in den Sommermonaten ab geringer Höhe Schnee liegt und somit für optimale Bedingungen zum Schneeschuhwandern gesorgt ist.

Organisierte Schneeschuhtouren auf Kvaløya werden meist mit Transfer ab Tromsø angeboten, es ist aber auch möglich, auf eigene Faust zu einer Wanderung durch die weiße Schneewelt aufzubrechen. Die Fahrzeit zu den Schneeschuhwanderungsplätzen auf der Insel dauert etwa eine Stunde. Beim Fahren durch die gebirgige Landschaft kommt man an Fjorden und Sandstränden vorbei und sieht mit etwas Glück einige Elche, Rentiere, Orcas oder andere in der Region lebende Tiere. Obwohl Kvaløya als Naherholungsgebiet in der Region Tromsø immer beliebter wird und ständig neue Ferienhäuser entstehen, sind die Straßen kaum befahren. Beim Schneeschuhwandern lässt man die Zivilisation hinter sich und begibt sich mitten in die Arktis. Unterwegs kann man Fotos der beeindruckenden Landschaft machen und vom ortskundigen Reiseleiter etwas über Land und Leute sowie über die Traditionen der Insel erfahren. Da sich die halb- und ganztägigen Schneeschuhausflüge hinsichtlich Strecke, Schwierigkeitsgrad und Programm voneinander unterscheiden, ist es ratsam, sich beim jeweiligen Tourenveranstalter eingehend zu informieren. Das Schneeschuhwandern auf Kvaløya erfordert eine gute körperliche Kondition. Die Gruppe sollte möglichst klein sein, damit die begleitende Reiseleitung auf jeden Teilnehmer eingehen und alle Fragen beantworten kann. Schneeschuhe und Stöcke werden meist zur Verfügung gestellt. Oft sind auch Getränke und Verpflegung inbegriffen.

i

Die meisten Schneeschuhausflüge auf der Insel Kvaløya werden von Tromsø aus angeboten. Auch im Sommer sollten warme Bekleidung und Winterstiefel und wegen der hohen UV-Strahlung auch eine Sonnenbrille getragen werden.

Insel Kvaløya

LOFOTEN & VESTERÅLEN

2h

13 Eine spannende Seeadlersafari im Nordmeer unternehmen

14 Romantisch durch das Fischerdorf Reine bummeln

4h

15 Wohltuende Ruhe am Kvalvika Beach genießen

16 Golfen unter der Mitternachtssonne

17 Die Inseln Henningsvær, Heimøya und Hellandsøya entdecken

18 Idyllische Strandwanderung am türkisfarbenen Meer

8h

19 Verträumte Buchten auf den Lofoteninseln entdecken

20 Inseltour nach Austvågøy (1) und Gimsøy (2)

21 Alpine Landschaften im Møysalen-Nationalpark erkunden

Einfach QR-Code scannen und Google Maps Karte mit allen 55 Erlebnissen eingezeichnet ansehen.

Oder via Direktlink: www.gamikaze.ch/maps/norwegen

Lofoten &
Vesterålen
1
2
13
14
15
16
17
18
19
20
20
21

EINE SPANNENDE SEEADLERSAFARI
im Nordmeer unternehmen

Die größten in Europa vorkommenden Adler sind die Seeadler. Die Flügelspannweite des etwa 60 bis 80 Zentimeter großen Greifvogels kann bis zu 2,40 Metern betragen. Bei einer spannenden Seeadlersafari auf den Lofoten begegnet man den Vögeln aus der Familie der Habichtartigen in ihrem natürlichen Umfeld.

Hauptsächlich bewohnen Seeadler gewässerreiche Landschaften. Die Raubvögel bevorzugen klimatisch kühle Gegenden von Grönland bis zum Pazifik. Seeadler ernähren sich überwiegend von Fischen und Wasservögeln. Gelegentlich stehen auch kleinere Säugetiere oder Aas auf dem Speiseplan der Adler. Da die Nähe zum Wasser eine Rolle spielt, findet man diese Vogelart in Norwegen vor allem an der Küste und auf den Lofoten-Inseln. Schon von Weitem sind die Seeadler an ihrem überwiegend dunkelbraunen Gefieder und ihrem weißen Schwanz erkennbar. Meist sind die Weibchen etwas größer als die Männchen. Mit den langen scharfen Krallen an den Füßen packt der Greifvogel seine Beute. Der Seeadler ist seit Beginn des 20. Jahrhunderts eine durch Ausrottung gefährdete Vogelart. Daher stehen Adler ähnlich wie in anderen europäischen Ländern auch in Norwegen unter Schutz. Während es im Jahr 1975 in Westeuropa lediglich 500 Brutpaare gab, zählt man in Norwegen inzwischen mehr als 2.000 Seeadler. Um den königlichen Vogel aus der Nähe zu betrachten, werden auf den Lofoten spezielle Schiffstouren und mehrstündige Seeadlersafaris, angeboten. Bootssafaris mit Seeadlersichtungen dauern etwa 1,5 bis 2 Stunden. Meist finden die Schiffstouren im offenen Boot statt. Warme Kleidung, Thermoanzüge und Handschuhe sind daher empfehlenswert, um sich an kühlen Tagen warm zu halten. Während einer Tour entlang der Lofotenküste entdeckt man auch die lokale Flora und Fauna. Unterwegs informieren Guides, welche die Bootssafari begleiten, über die Seeadler und deren Lebensgewohnheiten. Bootsfahrten werden im Frühling, Sommer und Herbst durchgeführt. In den Wintermonaten, wenn das Wetter stürmisch und die See rau ist, können meist keine Bootsausflüge stattfinden. Die Schiffsfahrt führt an schroffen Felsen und Bergen vorbei, sodass man neben Seeadlern auch die vielfältige Landschaft der Lofoten zu sehen bekommt. Mit etwas Glück sieht man während einer Seeadlersafari auf den Lofoten auch Möwen sowie andere Wasservögel, die nach Fischen tauchen. Die Lofoten gelten als perfektes Revier, um Wale und Schweinswale, Riesenhaie und Robben zu beobachten. Bei einer Seeadlersafari in den Sommermonaten sind oft auch Pottwale zu sehen. Im Winter schwimmen vor allem Buckelwale und Orcas in die Fjorde der Inselgruppe.

Eine Seeadlersafari ist für die meisten Gäste geeignet. Mitzubringen sind warme Kleidung und bequeme Schuhe sowie die Kamera zum Fotografieren. Während das Schiff entlang der Küste fährt, hält man Ausschau nach Seeadlern am Himmel, während man zugleich Robben an den Ufern und Wale im Wasser beobachten kann. Um Seeadler anzulocken und tolle Fotos zu ermöglichen, führen die Ausflugsschiffe meist eine Kiste mit frischem Fisch mit sich. Sobald der Fisch ins Wasser geworfen wird, kann man sehen, wie Nordeuropas größter Adler seine mächtigen Flügel ausbreitet, sich auf die leckere Fischmahlzeit stürzt und die Fische mit seinen scharfen Krallen ergreift.

Romantisch durch das

FISCHERDORF REINE BUMMELN

Auf den Lofoten-Inseln lebte man früher vom Fischfang. Von der maritimen Vergangenheit zeugen heute noch zahlreiche idyllische Fischerdörfer, in denen die Zeit stehengeblieben zu sein scheint.

Auf jeder Insel des Lofoten-Archipels befinden sich ehemalige oder immer noch aktive Fischersiedlungen. Eine der bekanntesten Sehenswürdigkeiten der Lofoten ist der Fischerort Reine, der sich am westlichen Zipfel der Inselgruppe befindet. Das romantisch wirkende Fischerdorf wird von riesigen Bergen umrahmt. Als beeindruckender Fotospot ist Reine bei Urlaubern aus der ganzen Welt beliebt. Besonders schön ist die Sicht auf Reine in den frühen Morgenstunden, während die aufgehende Sonne den Ort in ein magisches Licht taucht. Die malerische Lage und die majestätischen Gipfel der Lofoten, die das Dorf umgeben, haben Reine zu einem der beliebtesten Ausflugsorte auf den Lofoten-Inseln gemacht. Ein Spaziergang ist nicht nur bei Sonnenaufgang zu empfehlen. Der kleine Fischerhafen ist sehenswert

Fischerdorf Reine

und gilt als wahre Postkartenschönheit. In den Sommermonaten kann der vielbesuchte kleine Ort jedoch aus allen Nähten platzen, sodass die Parkplatzsuche zur Herausforderung wird. Das Fischerdorf Reine befindet sich etwa 9 Kilometer östlich von der Hafenstadt Moskenes. Diese ist auch Ankunftshafen der Fährschiffe von Bodø. Außerdem ist Reine über den Flughafen Svolvær zu erreichen, der sich rund 125 Kilometer westlich des Ortes befindet. Ein besonderes Erlebnis ist ein Spaziergang durch Reine während der Mitternachtssonne. Allerdings können auch die kurzen Tage im Winter zur Beobachtung von Nordlichtern genutzt werden. In der Nähe des Städtchens Reine findet man einige der besten Wanderstrecken auf den Lofoten. So führt eine Wanderroute zum schönsten Aussichtspunkt mit einem atemberaubenden Ausblick auf die Lofotenwand und den Reinefjord.

Der Fischerort Reine ist ein typisches Fischerdorf auf den Lofoten. Auf einer Fläche von circa 33 Hektar leben ungefähr 309 Einwohner. In den Sommermonaten entwickelt sich das malerisch gelegene Dorf zum touristischen Hotspot. Bei der Parkplatzsuche ist deshalb ein wenig Geduld gefragt. Die schöne Landschaft und die vielen Fotomotive in Reine sind jedoch die Mühe wert.

Kvalvika Beach

#15

4h

Wohltuende Ruhe am KVALVIKA BEACH GENIESSEN

Kvalvika Beach gilt als einsamster Strand der Lofoten. Der Strandabschnitt befindet sich in einer abgelegenen Bucht auf Moskenesøy, einer Insel im südlichen Teil des Lofoten-Archipels.

Am Kvalvika-Strand lebten bis zum Ende der 1930-er Jahre einige Menschen. Heute noch sind Spuren ehemaliger, längst verlassener Häuser zu sehen. In Norwegen ist der Kvalvika Beach als idealer Rückzugsort bekannt, der gerne genutzt wird, um der Hektik der Städte zu entfliehen. In Kvalvika erlebt man die Natur in ihrer ursprünglichen Form. Am schönsten ist es am Strand zur Zeit der Mitternachtssonne, wenn das Wasser auch nachts tiefblau schimmert und der weißglänzende Sand bei einem Strandlauf unter den Füßen nachgibt. Seit einigen Jahren hat sich am Kvalvika Beach eine neuartige Camping-Kultur entwickelt. Mittlerweile zählt der Kvalvika-Strand zu den beliebtesten Wildcampinggebieten auf den Lofoten. Die große Grasfläche hinter dem Sandstrand, ein Süßwasserbach in der Nähe sowie die Möglichkeit, in unmittelbarer Umgebung Treibholz für das Lagerfeuer zu sammeln, haben Kvalvika zu einer bevorzugten Camping-Destination gemacht. Beim Campen auf den Lofoten-Inseln sollte die Wettervorhersage berücksichtigt werden. In jeder Jahreszeit kann es plötzlich zu starkem Wind, Regenschauern und im Winter auch zu Schneefall kommen. Die außergewöhnliche Landschaft und der Traumstrand Kvalvika sind nur zu Fuß oder per Boot erreichbar. Als Belohnung nach einem Fußmarsch winken feiner, weißer Sand und das türkis leuchtende Meer.

Zur Kvalvika Bucht (deutsch: Walbucht) führen mehrere Wanderwege. Zunächst muss ein Hügel erklommen werden, bevor es bergab in die Bucht geht. Unterwegs sind einige teilweise steil abfallende Hänge zu bewältigen. Eine neu angelegte Route beginnt direkt beim Parkplatz. Die Strecke führt über etwa zwei Kilometer durch morastartiges Terrain, über Wiesen und Steine. Es besteht die Möglichkeit, unterwegs nach rechts zum Gipfel des Ryten abzubiegen oder in linker Richtung direkt zum Kvalvika-Strand weiterzugehen. Die Gipfeltour zum Ryten gilt als eher anspruchsvoll, da der Wanderpfad stellenweise ziemlich matschig und dadurch rutschig sein kann. Wanderstöcke können sich bei dieser Tour als hilfreich erweisen. Die längste Wanderroute führt über eine Entfernung von circa 6,5 Kilometern zum Kvalvika Beach. Für diese Strecke, die als Kombination zwischen Wandern und Strandaufenthalt betrachtet werden kann, sollten etwa 4 Stunden eingeplant werden. Da der Weg über Berggipfel führt, sind etwa 520 Höhenmeter zu überwinden. Die Wanderstrecke entspricht einem mittleren Schwierigkeitsgrad. In der Region ist in dieser Gegend häufig mit windigen Wetterverhältnissen und böigen Bedingungen zu rechnen. Beim Wandern zum Strand sollte die Kopfbedeckung daher richtig befestigt werden, damit der Hut oder die Kappe nicht davonfliegen können. Der letzte Abschnitt der Wanderstrecke ist etwas steil, sodass entsprechende Vorsicht ratsam ist.

i

Zum Kvalvika Beach gelangt man mit dem Mietauto vom Norden kommend auf der FV 808. In Fredvang befinden sich ein öffentlich ausgeschilderter Parkplatz sowie weitere Parkmöglichkeiten, auf die nicht hingewiesen wird. Die einfachste Wanderstrecke zum Kvalvika-Strand führt vom Parkplatz aus über eine zwei Kilometer lange Strecke direkt zum Beach, der je nach Wandertempo und Fotostopps nach circa 40 bis 60 Minuten erreicht wird.

#16

4h

Golfen unter der MITTERNACHTS-SONNE

Norwegen zählt nicht zu den klassischen Reisezielen für den Golfurlaub. Das nordische Land verfügt jedoch über eine beachtliche Anzahl von Golfplätzen, die in landschaftlich schöner Umgebung liegen und größtenteils perfekt ausgestattet sind.

Der Golfsport ist in Norwegen sehr beliebt, sodass ständig neue Golfplätze hinzukommen. Die meisten Plätze befinden sich in der Region um die Hauptstadt Oslo. Weitere interessante Golfareale, die auch Greenfee-Spieler (Greenfee = Eintrittsgeld) akzeptieren, gibt es in der Umgebung von Bergen, Trondheim und Stavanger. In Norwegen finden in der Wintersaison auch Golfturniere auf Schnee und Eis statt. Ein ganz besonderes Erlebnis ist das Golfspielen auf den Lofoten, wo während der Sommermonate aufgrund der Mitternachtssonne Tag und Nacht Golf gespielt werden kann. Einer der schönsten Plätze des Landes liegt direkt am Meer bei der Ortschaft Gimsøysand am nordöstlichen Ufer der Insel Gimsøya. Die Nähe zum Meer, die einmalige Aussicht über die spitzen Gipfel der Lofoten sowie das arktische Licht sorgen dafür, dass das Golfspielen auf diesem Platz zu einem besonderen Erlebnis wird. Es soll in Norwegen nur ganz wenige Golfplätze geben, die diese Kombination von Sport und Landschaftseindrücken aufweisen. Im Gimsøysand-Golfplatz stehen auch Übernachtungsmöglichkeiten zur Verfügung, sodass ein- oder mehrtätige Golfausflüge auf eigene Faust möglich sind. Die Golfsaison auf den Lofoten beginnt im April und endet im Oktober. In der Zeit zwischen Mitte Mai und Anfang August kann aufgrund der Mitternachtssonne täglich 24 Stunden lang Golf gespielt werden. Als weltweit einzige Anlage passt der Lofoten-Golfclub seine Öffnungszeiten an dieses besondere Wetterphänomen an. Es soll möglich sein, innerhalb von 24 Stunden etwa 144 Löcher zu spielen, vorausgesetzt, man ist in der Lage, so lange wach zu bleiben. Die Golfanlage liegt auf einem in nördlicher Richtung offenen Plateau unmittelbar am Nordmeer. Der Ozean stellt bei etwa 6 von 9 Löchern eine natürliche Herausforderung dar. Das Golfareal, das sich auf dem 68. nördlichen Breitengrad befindet, ist zudem der nördlichste Golfclub in Norwegen. Die im Jahr 1998 eröffnete Golfanlage wurde von Jeremy Turner designt und verfügt über Driving-Range, Putting- und Pitching-Green. Es besteht die Möglichkeit, Anfängerkurse zu belegen. Golfschläger können vor Ort ausgeliehen werden, außerdem gibt es einen Pro-Shop. Der Schwierigkeitsgrad beim Spielen auf dem leicht hügeligen und mit einigen Wasserhindernissen verbundenen Gelände wird als sportlich-anspruchsvoll beschrieben.

Der Lofoten-Golfclub befindet sich auf der Insel Gimsøy in der Nähe der Ortschaft Hov. Die Anfahrt erfolgt über die Nationalstraße E 10 bis zur Gimsøy-Brücke oder der Sundklakk-Brücke, wo in Richtung Gimsøy abgebogen wird.

Blick auf Henningsvær

#17

4h

DIE INSELN

Henningsvær, Heimøya und Hellandsøya entdecken

Auf den ersten Blick wirken die Lofoten etwas kitschig. Die Inselgruppe besteht aus vielen Inseln, von denen manche über Brücken miteinander verbunden und andere unbesiedelt sind. Schroffe Felsen, glasklares Meer, Fischerboote, die im Wasser schaukeln, Aussichtspunkte mit grandioser Aussicht über Fjorde und Berge prägen das Insel-Archipel der Lofoten.

Das wohl bekannteste Fischerdorf der Lofoten-Inseln ist Henningsvær. Der Ort zählt zur Kommune Vågan, die sich über mehrere Inseln erstreckt. Die Ortschaft Henningsvær befindet sich an der Südspitze der Insel und ist von Svolvær, dem Hauptort der Lofoten, etwa 24 Kilometer entfernt. Henningsvær wird oft als „Venedig des Nordens" bezeichnet. Ähnlich wie die italienische Lagunenstadt ist der Fischerort im hohen Norden Norwegens rundum von Wasser umgeben. Der Ortskern wird durch bunt gestrichene Wohn- und Geschäftshäuser geprägt. In Henningsvær gibt es zahlreiche Cafés und Werkstätten. Außerhalb des kleinen Ortes sieht man große Trockengerüste für Stockfisch, die zur Lufttrocknung haltbar gemachter Fische verwendet werden. Das Zentrum von Henningsvær ist der Hafen, der Ankunftsort und wichtiger Ausgangspunkt für die Entdeckung des Ortes und der Insel ist. Henningsvær ist mit dem Schiff erreichbar. Es besteht aber die Möglichkeit, mit dem Mietauto über zwei Brücken in den Ort zu gelangen. Als Fischerort ist Henningsvær heute noch von großer Bedeutung für die Region. Im Hafen des Fischerdorfs wird rund ein Viertel des gesamten winterlichen Fischfangs der Lofoten-Inseln an Land gebracht. In den Wintermonaten ist dies wegen der teilweisen sehr hohen Wellen keine einfache Angelegenheit. Man kann allerdings zwischen Februar und Ende April den Fischern zusehen, wie sie den kleinen Hafen von Henningsvær mit ihren Fischerbooten ansteuern. Während des Sommers dient der Fischereihafen vorwiegend zum Ankern privater Yachten und Ausflugsschiffen. Die idyllische Lage inmitten einer hügeligen Landschaft, die zerklüfteten Berge im Hintergrund sowie das sanfte Meeresrauschen haben viele Künstler inspiriert, sich in Henningsvær niederzulassen oder zumindest eine Zeit lang dort zu leben. Gemälde und Fotografien verschiedener Künstler unterschiedlicher Epochen sind in der Galleri Lofotens Hus zu sehen. Die Kunstwerke widmen sich alle der Schönheit der Lofoten.

Ein interessantes Ausflugsziel ist die sich über mehrere Schäreninseln erstreckende Gemeinde Vågan. Der Ortskern von Vågan befindet sich auf den beiden Inseln Heimøya und Hellandsøya. Nördlich des Ortes sieht man den 818 Meter hohen Kvanndalstindan sowie einen weiteren Berg, den Festvågtinden. Atemberaubende Ausblicke über Berg und Meer findet man auch an der Küste von Vareid. Die Sicht reicht bis zum Strand von Flakstad und zum Flakstadtinden. Der 540 Meter hohe Hausberg der Insel ist in den Sommermonaten ein beliebtes Wanderziel. Hobby-Fotografen finden am Küstenabschnitt rund um Vareid eine Vielzahl interessanter Fotomotive. Am besten fotografiert man zum Sonnenuntergang in Richtung der untergehenden Sonne. Einmalige Landschaftsbilder gelingen selbst an Tagen mit vielen Wolken am Himmel.

i

Die Inselgruppe der Lofoten ist ein ganzjähriges Reiseziel. Mit Schiff, Flugzeug und Mietauto gelangt man zu dem im hohen Norden Norwegens liegenden Insel-Archipel. Zwischen den meisten Inseln bestehen regelmäßige Fährverbindungen oder es gibt Brücken, die einzelne Lofoten-Inseln miteinander verbinden. Da in den kleinen Fischerdörfern nicht allzu viele Übernachtungsmöglichkeiten zur Verfügung stehen, ist es ratsam, einen Lofoten-Ausflug oder eine Rundreise rechtzeitig zu planen.

#18

4h

IDYLLISCHE STRANDWANDERUNG am türkisfarbenen Meer

Bei einer Lofoten-Reise entdeckt man meist schon am ersten Tag die vielfältigen Wanderrouten, die über Wiesen und Felder, durch dunkle Wälder, vorbei an Fjorden und Seen führen. In der Provinz Lofoten gibt es einige noch fast unberührte Gegenden, die bei Tagestouren oder mehrtägigen Wanderungen erkundet werden können.

Die Wandergebiete Norwegens unterscheiden sich durch ihre Anforderungen, Schwierigkeitsgrade und Streckenlänge voneinander. Für Wanderer, die zum ersten Mal in der Natur unterwegs sind, sind organisierte Wanderausflüge besser geeignet, während Trekking-erfahrene Urlauber auch auf eigene Faust losziehen können. Unabhängig davon, in welcher norwegischen Region gewandert wird, sind stabiles Schuhwerk sowie ein regenfestes Outfit empfehlenswert. Kopfbedeckung, Handschuhe und Regenjacke gehören auch im Sommer ins Reisegepäck beim Wanderurlaub in Norwegen. In den

Lofoten gibt es viele idyllische Orte, wie die Strände von Uttakleiv und Haukland, die nah beieinander liegen und bei einer Rundwanderung miteinander verbunden werden können. Der Uttakleiv Beach gilt sogar als schönster Strand Europas. Vom Haukland-Strand ist er über einen Schotterweg zu erreichen. Während der erste Teil der Wanderung auf einer ebenen Fläche gut zu bewältigen ist, geht es im weiteren Streckenverlauf darum, circa 175 Höhenmeter zu überwinden. Da die Strecke nach Regenfällen und im Winter stellenweise matschig sein kann, sollte entsprechend vorsichtig gewandert und feste Schuhe getragen werden. Die Teilstrecke kann auch durch einen Weg, der durch einen Tunnel führt, ersetzt werden, allerdings ist die Aussicht dann nicht so großartig. Die Wanderroute zwischen Uttakleiv und Haukland ist etwa 8 Kilometer lang, sodass die Wanderung auch für weniger erfahrene Wanderer machbar ist. Der Haukland Strand ist ein feinsandiger Strand, dessen Sand zartweiß

Sonnenuntergang am Haukland-Strand

Uttakleiv Beach

schimmert. Das türkisfarbene Meer bildet einen schönen Kontrast zur strahlend weißen Farbe des Sandes. Am Strand von Haukland kommt mediterrane Atmosphäre auf, auch wenn die Palmen fehlen. Meist ist der Strandabschnitt einsam und verlassen, an den Wochenenden und während der Schulferien trifft man hier allerdings Einheimische und Urlauber. In Strandnähe mündet ein kleiner Fluss in das Meer. Am Haukland Beach findet man vereinzelt auch Muscheln.

Auf eigene Faust in den Lofoten wandern sollte man nur mit Wandererfahrung. Die Mitnahme einer aktuellen Wanderkarte oder GPS sind hilfreich. Im Herbst und Winter ist in der Gegend mit starken Schneefällen zu rechnen. In der Provinz Lofoten gibt es eine Vielzahl von Wanderwegen mit unterschiedlichsten Schwierigkeitsgraden.

#19

8h

VERTRÄUMTE BUCHTEN AUF den Lofoteninseln entdecken

Etwa 80 Inseln gehören zur Inselgruppe der Lofoten. Die vor der Küste Nordnorwegens gelegenen Lofoteninseln befinden sich etwa 100 bis 300 Kilometer nördlich des Polarkreises im Atlantischen Ozean und sind durch den Vestfjord vom Festland getrennt.

Einige der größeren Lofoten sind durch Tunnel oder Brücken miteinander verbunden. Die Inselgruppe ist für ihre unberührte Natur, malerische Fischerdörfer, kleine Buchten und verträumten Strände bekannt. Naturschauspiele wie die Polarlichter und die Mitternachtssonne sind auf den Lofoteninseln gut zu sehen. Klare Luft und ein feiner Geruch von Salz prägen die Insel-Ortschaften, die vom Fischfang leben. Das Fischen von Meeresfischen wie dem Kabeljau hat über Jahrhunderte hinweg zum Wohlstand auf den Lofoten beigetragen. Die Inseln gelten zudem als Wanderparadiese, sie sind aber auch mit dem Fahrrad, mit dem Mietauto oder mit regelmäßig verkehrenden

Lofoten - Fredvang-Brücke

Linienbussen zu bereisen. Wandern, Klettern, Fahrradfahren, Angeln, Fotografieren und Kajakfahren sind beliebte Aktivitäten, die auf den meisten Lofoteninseln möglich sind. Der Hauptort der Lofoten ist die Kleinstadt Svolvær, die zugleich das administrative Zentrum der Inselgruppe und das größte Fischerei- und Handelszentrum der Region ist.

Die norwegische Radroute 1 (Eurovelo 1) führt auf dem Abschnitt zwischen Trondheim und dem Nordkap durch Svolvær. Die kleine Stadt mit dem malerischen Hafen und den steil aufragenden Bergen im Hintergrund gilt als perfekte Kulisse zum Fotografieren von Polarlichtern und der romantischen nordischen Landschaft. Wegen ihrer zahlreichen Wander- und Radwege sowie den geschützten Buchten und schönen Stränden in der Umgebung wird Svolvær auch von Naturliebhabern geschätzt. In der Stadt finden sich einige Einkaufsmöglichkeiten, Geschäfte und Kunstgalerien sowie Cafés und Restaurants. Wichtig

Hafen von Hamnøy

Lofoten Archipel

zu wissen ist, dass das Wandern auf den Lofoten nur im Sommer möglich ist. Eine beliebte Wandertour, die in den Wintermonaten als Skitour angeboten wird, ist der Ausflug zum Rundfjellet. Die Route, die über den Gipfel des Kudalsheia führt, erfordert eine gewisse Kondition. Unterwegs durch die abwechslungsreiche norwegische Berglandschaft bieten sich grandiose Ausblicke über die zerklüfteten Inseln der Lofoten. Vom Rundfjellet hat man eine einzigartige Aussicht über Svolvær, das Nordmeer, blau schimmernde Fjorde und steil aufragende Berggipfel. Für die Entdeckung der Lofoteninseln, für Wanderungen und Fahrradtouren sollte mindestens ein Tag eingeplant werden. Ist ein längerer Aufenthalt vorgesehen, sollte man sich vorab um eine Unterkunft kümmern.

i

Vom norwegischen Festland sind die Lofoten Svolvær und Stamsund mit den Schiffen der Hurtigruten erreichbar. Außerdem verkehrt von Svolvær nach Skutvik eine Autofähre. Des Weiteren gibt es zwischen Svolvær und Bodø eine Expressbootverbindung. Die Anreise auf die Lofoten ist mittlerweile auch per Flugzeug möglich. So finden seit April 2017 wöchentlich Direktflüge vom Flughafen Oslo nach Svolvær sowie nach Leknes statt. Auch vom Flughafen Harstad/Narvik, der mit den Lofoteninseln über die Europastraße E 10 verbunden ist, werden täglich verschiedene Flüge nach Oslo angeboten.

Hafen von Svolvær auf der Insel Austvågøya

#20

8h

Inseltour nach AUSTVÅGØY UND GIMSØY

Ursprünglich wurde nur die Insel Vestvågøya als „Lófót" bezeichnet. Erst später verwendete man den Begriff Lofoten, um die gesamte Inselgruppe zu beschreiben. Welche Lofoten-Insel die schönste ist, hängt vom persönlichen Empfinden ab. Die Lofoten-Inseln entdecken kann man zu Fuß beim Wandern, bei Mountainbike-Touren, mit Mietauto und Bus, aber auch mit dem Schiff. Durchquert man die faszinierende Inselwelt, gelangt man zu den beiden nördlichsten und östlichsten Lofoten-Inseln Gimsøy und Austvågøy.

Die Insel Gimsøy zählt zur Kommune Vågan, der größten Gemeinde der Lofoten. Die Insel, die für ihre unberührte Natur bekannt ist, wird von den beiden Hauptinseln der Lofotenkette, Austvågøya und Vestvågøy, eingerahmt. Auf Gimsøy, die größtenteils aus sumpfigem Flachland besteht, erhebt sich als größter Berg der 1011 Meter hohe Hoven. Obwohl der Berg aufgrund seiner geringen Höhe allgemein als Hügel gilt, bietet sich vom Gipfel eine atemberaubende 360-Grad-Aussicht. Eine Wanderung auf den Hoven ist nicht anspruchsvoll, sodass die Tour auch von unerfahrenen Wanderern und Familien mit Kindern bewältigt werden kann. Der Wanderweg zum Hoven ist markiert, jedoch verläuft die Strecke teilweise durch sumpfiges Gebiet. Das Tragen von Gummistiefeln wird daher empfohlen. Beim Wandern kommt man am Golfplatz von Gimsøy vorbei. Der inmitten der malerischen Landschaft gelegene Platz ist einer der anspruchsvollsten Golfplätze der Welt. Die Weite der nordischen Landschaft, welche atemberaubende Ausblicke über die Insel und das Nordmeer ermöglicht, ist beim Wandern bis zum Gipfel des Hoven spürbar. Der Berggipfel wird durch zwei Steinpyramiden markiert. Vom Aussichtspunkt erblickt man die Inseln Vestvågøy und Austvågøya. Bei guter Fernsicht ist sogar die Inselgruppe der Vesterålen am Horizont zu sehen. Im Norden und Westen ist Gimsøy größtenteils mit Torfmooren bedeckt. Da die Moore für das Klima wichtig sind, werden sie geschützt.

Die benachbarte Insel Austvågøya ist die größte und zugleich die östlichste Insel der Lofoten. Mit dem Städtchen Svolvær befindet sich auf Austvågøya auch die einzige Stadt der Lofoteninseln. In der Innenstadt von Svolvær gibt es eine gewisse Infrastruktur mit Geschäften, Supermärkten, Gastronomie und Hotels. Die vorgelagerten Inseln Kjeøya und Svinøya, auf denen es eher ruhig zugeht, sind über Brücken zu erreichen. Von den Mini-Inseln bietet sich ein schöner Panoramablick über die Kleinstadt Svolvær. Mitten durch die Insel Austvågøya verläuft die Europastraße 10. Die drei höchsten Berggipfel der Lofoten, der 1.146 Meter hohe Higravstinden, der Svartsundtindan (1.050 Meter) sowie der Trolltindan (1.045 Meter) befinden sich ebenfalls auf Austvågøya. Im Südosten der Insel liegt das uralte Fischerdorf Kabelvåg. Einer der schönsten Fischerdorf-Gutshöfe der Lofoten in diesem Ort beherbergt das Lofoten-Museum, in dem Ausstellungsstücke wie authentische Fischerhütten, Bootshäuser mit Nordlandbooten sowie traditionelles Handwerk gezeigt werden. Außerdem kann man sich im Lofoten-Museum Ton-Dia-Shows über die Lofotenfischerei ansehen. Die Gegend um das Lofoten-Museum ist archäologisch von Bedeutung. Bei Ausgrabungen fand man hier Überreste von Vágar. Die älteste Stadt Nordnorwegens soll sich früher an dieser Stelle befunden haben. Eine Rundreise zu den Inseln Austvågøy und Gimsøy wird oft als Einstieg in die Inselwelt der Lofoten empfohlen.

> *Auf der Europastraße E10 gelangt man zu beiden Inseln. Um mehr Sehenswürdigkeiten zu entdecken und einen besseren Eindruck von der Inselwelt zu bekommen, können auch Nebenstrecken wie die FV 861 auf Gimsøy sowie die FV 888 auf Austvågøy in Betracht gezogen werden.*

#21

8h

Alpine Landschaften im MØYSALEN-NATIONALPARK ERKUNDEN

Der kleinste aller norwegischen Nationalparks befindet sich auf Hinnøya, einer zum Archipel der Vesterålen gehörenden Insel. Im Westen und Süden grenzt das Areal an das Møysalen Naturschutzgebiet.

Der Plan, Flora und Fauna sowie die alpine Küstenlandschaft und ihre verschiedenen Ökosysteme vor der Zerstörung zu bewahren, führte im Jahr 2003 zur Gründung des Møysalen-Nationalparks. Das Zentrum des Naturparks bildet der 1.262 Meter hohe Møysalen, an dessen östlichem Rand der Fjordarm Vestpollen endet. Weitere hohe Berge im Nationalpark sind der Storsnytinden sowie der Nordtinden. Die Landschaft in dieser Region ist vielfältig, beeindruckend und abwechslungsreich. Der Nationalpark von Møysalen wird durch alpin wirkendes Hochgebirge, Schluchten, Täler, schroffe Felsen und steile Klippen geprägt. Aus zahlreichen Wasserfällen rauscht das Wasser hinab in die Ebenen. Für die heimische Tierwelt, zu der unter anderem mehrere Raubvogelarten, Hirsche, Elche, Braunbären und Fischotter gehören, ist der Møysalen-Nationalpark ein natürlicher Lebensraum geworden. Beim Wandern auf den Pfaden, die durch das Gebirge führen, entdeckt man mit etwas Glück nistende Seeadler. Außerdem leben einige seltene Falkenarten und Steinadler in der Bergregion. Im Nationalpark von Møysalen unterwegs, kann man Hasen, Füchsen, Nerzen und Wieseln begegnen. Bei genauerem Hinschauen entdeckt man Spuren des Bergbaus, der früher in dieser Region betrieben wurde. Der Møysalen ist nicht nur der höchste Berg in Vesterålen, sondern auch der zweithöchste Berg, der sich auf einer norwegischen Insel befindet. Südlich des Berggipfels liegt der Fonnisen-Gletscher. Die Bezeichnung des Gletschers geht auf eine Legende von Trollmädchen, die versteinert wurden, zurück. Einer Überlieferung zufolge soll der Møysalen (deutsch: Mädchensattel) in Wirklichkeit der Reitsattel von zwei Trollmädchen sein.

In den Sommermonaten ist die Landschaft sehr grün. Im Møysalen-Nationalpark dominieren Bäume wie die Birken das Landschaftsbild. Die Vegetation ist stellenweise üppig. Im hohen Gras sind Pflanzen wie der Berg-Engelwurz zu sehen. Das ansonsten kühle Küstenklima sowie die überwiegend sauren Gesteinsarten in dieser Region haben dazu beigetragen, dass die Artenvielfalt eher dürftig ist. Durch den Nationalpark von Møysalen führt ein markierter Weg. Die Wanderroute beginnt an der E10 im Norden, führt an der Snytindhytta-Hütte vorbei, östlich des Møysalen entlang und endet am Lonkanfjord, wo der Weg bis zur Straße führt. Hin und wieder werden geführte Wanderungen auf den Møysalen angeboten. Da der Aufstieg relativ steil ist, sind ein guter Fitnesslevel und etwas Wandererfahrung hilfreich. Im oberen Teil des Wanderwegs befinden sich Seile, die den Aufstieg erleichtern. Die Anstrengung lohnt sich, denn von der Bergspitze bietet sich eine atemberaubende Aussicht über den Nationalpark und die alpine Landschaft Nordnorwegens.

Der Hin- und Rückweg ist insgesamt rund 20 Kilometer lang. Es ist ratsam, für diese Strecke einen ganzen Wandertag einzuplanen. Der Møysalen-Wanderweg entspricht einem eher anspruchsvollen Schwierigkeitsgrad. Die Strecke ist in normalem Wandertempo in etwa 8 bis 9 Stunden zu bewältigen.

NORDLAND

4h

22 Künstlerisches Flair erleben bei einem Rundgang durch Bodø

8h

23 Gletscherwandern am Svartisen für Abenteuerlustige

24 Das Überschreiten des Polarkreises

Einfach QR-Code scannen und Google Maps Karte mit allen 55 Erlebnissen eingezeichnet ansehen.

Oder via Direktlink: www.gamikaze.ch/maps/norwegen

22
23
24
Nordland

Hafen von Bodø

#22

4h

Künstlerisches Flair erleben bei einem Rundgang durch **BODØ**

Die Hauptstadt der Provinz Nordland ist die gemütliche Kleinstadt Bodø. Im Jahr 2016 erhielt Bodø eine Auszeichnung für nachhaltige Stadtentwicklung und wurde zugleich zur attraktivsten Stadt Norwegens gewählt.

Ein weiterer Höhepunkt der Stadtgeschichte steht in den kommenden Jahren an. Obwohl Norwegen kein Mitgliedsstaat der Europäischen Union ist, wird Bodø zusammen mit Tartu (Estland) und Bad Ischl (Österreich) eine der drei Kulturhauptstädte Europas sein. Damit wird erstmals eine Stadt nördlich des Polarkreises als kulturelle Hauptstadt von Europa dienen. Bei Künstlern ist die kleine Stadt in der Provinz Nordland schon lange beliebt. In Bodø befinden sich zahlreiche Glasbläser und Schmuckhersteller, außerdem existiert in der Stadt eine etablierte Musikergemeinde. In Norwegen gilt Bodø als junge, quirlige Stadt, in der man viel erleben kann. Neben Naturerlebnissen beim Wandern, Trekken, Mountainbiken oder Angeln, sind es vor allem die magischen Lichterscheinungen der Polarlichter und die Mitternachtssonne, für die Bodø bekannt ist. Die Mitternachtssonne kann man in der Region zwischen dem 2. Juni und dem 10. Juli genießen, während die Polarnacht vom 15. bis zum 29. Dezember dauert.

Die Stadt ist häufig Austragungsort für Sportveranstaltungen. Darüber hinaus finden regelmäßig kulturelle Ereignisse und Festivals in Bodø statt. Die Gegend um Bodø beherbergt den dichtesten Seeadlerbestand der Welt. Zugleich ist Bodø auch Heimat des mit einer Geschwindigkeit von bis zu 22 Knoten weltstärksten Malstroms. Der auch als Moskenstraumen bezeichnete Gezeitenstrom beschreibt die für den Norden Norwegens und die Lofoten-Inseln typischen starken Wasserwirbel. Das beliebte Urlaubs- oder Ausflugsziel Bodø ermöglicht eine vielseitige Urlaubsplanung. So kann man gemütlich in der Stadt Kaffee trinken, bevor man bei einer

Gezeitenstrom bei Bodø

Blick auf Bodø

Bergwanderung durch Wiesen und Wälder streift oder die felsige Landschaft bei einer Raftingtour vom Wasser aus entdeckt. In der Umgebung von Bodø befinden sich interessante Ausflugsziele, wie das an der Nordküste gelegene Handelsdorf Kjerringøy. Der Ort, der für seine historischen Gebäude und eine sehr malerische Kulisse bekannt ist, war in der Vergangenheit häufig Drehort für spannende Filme.

Zu den Sehenswürdigkeiten in Bodø zählt die im Jahr 1956 errichtete Stadtkirche mit ihren bunten Glasmalereien. Beim Spaziergang kommt man am Salten-Museum vorbei. Das im Zentrum gelegene Museum beherbergt mehrere Ausstellungen, die sich mit der nordnorwegischen Geschichte und Kultur befassen. In der ersten Etage sind Objekte der Fischerei und des internationalen Stockfisch-Handels zu sehen. Der größte Teil des im Salten-Museum ausgestellten Materials stammt aus der Region Tysfjord, die nördlich von Bodø liegt. Im zweiten Stock kann man einen Silberschatz aus der Wikingerzeit bewundern. Dieser Schatz, der im Jahr 1919 in der Stadt gefunden wurde, ist einer der größten in Nordnorwegen bekannten Silberschätze. Der Schatz im Salten-Museum besteht aus Silberstücken und Silberschmuck, darunter sind auch arabische und angelsächsische Münzen. Über die Geschichte von Bodø seit der Stadtgründung im Jahr 1816 bis zum heutigen Tag informiert eine in der dritten Etage untergebrachte Ausstellung. In der Fußgängerpassage der Stadt fällt das Seeadler-Denkmal auf. Das Monument verdeutlicht den Stellenwert, den dieser riesige Greifvogel für Bodø und die Region hat. In den Gewässern und Seen rund um Bodø brüten jedes Jahr zahlreiche Seeadler. Um den Raubvogel vor dem drohenden Aussterben zu bewahren, wurde in Bodø sogar ein Seeadler-Club gegründet. In den Club kann jede Person, die einmal die Stadt Bodø besucht und dabei einen echten Seeadler gesehen hat, eintreten.

Die Anreise nach Bodø erfolgt wegen der besonderen Lage der Stadt an der Spitze einer Halbinsel hauptsächlich über die Route Nummer 80. Diese Straße verbindet Bodø mit der Europastraße 6 in der Kommune Fauske sowie mit dem Kystriksveien (Küstenstraße) in Richtung Süden. Außerdem ist Bodø eine Hafenanlegestelle der Hurtigrutenschiffe, sodass eine Reise auch mit dem Schiff möglich ist. Vom Hafen Bodø gibt es tägliche Fährverbindungen zu den Inseln Værøy, Moskenes und Røst und zu den Lofoten-Inseln. Die Stadt Bodø ist Endstation der Nordlandbahn. Die Bahnlinie beginnt in Südnorwegen und verbindet Trondheim und Bodø miteinander.

Svartisen Gletscher

8h

#23

Gletscherwandern am Svartisen

FÜR ABENTEUER-LUSTIGE

Gebirgige Landschaften und eine schöne Natur machen Norwegen zu einem idealen Wanderreiseziel. Am Svartisen, mit einer Fläche von 370 Quadratkilometer zweitgrößte Gletscher Norwegens, kann man beim Gletscherwandern die typisch nordländische schneeweiße Landschaft entdecken und einzigartige Aussichten genießen.

Das Besondere an dieser Gletscherlandschaft ist, dass kein anderer Gletscher im Norden Europas so dicht am Meeresspiegel liegt wie der Svartisen. Der Name Svartis stammt aus dem Altnorwegischen und wird mit Schwarzeis oder Schwarzes Eis übersetzt. Diese Bezeichnung beschreibt den Svartisen-Gletscher mit seiner schwarz schimmernden Erde und den Kontrast zum weißen Schnee und Eis am besten. Eine Gletscherwanderung am Polarkreis ist ein spezielles Erlebnis. Die Wanderung zum Gletscher nimmt einen ganzen Tag in Anspruch und ist besonders für wandererfahrene, abenteuerlustige Urlauber geeignet. In der größten eisbedeckten Fläche Nordnorwegens zu klettern, erfordert Fitness, Trittsicherheit und Koordinationsvermögen. Obwohl es möglich ist, den Svartisen auf eigene Faust zu erkunden, werden

Svartisen Gletscher

Imposante Eishöhle am Svartisen Gletscher

Wandern am Svartisen Gletscher

geführte Expeditionen empfohlen. Vor Ort werden auch Touren, die sich für Wanderanfänger sowie für Kinder ab 10 Jahren eignen, angeboten. Bevor mit dem Aufstieg zum Gletscher begonnen wird, erfolgt in der Regel eine Einweisung durch den Guide, der auch einen Ausrüstungscheck durchführt (Steigeisen und Eispickel sind notwendig). Die Wanderung zum Svartisen-Gletscher beginnt zuerst mit einer Bootsfahrt. Zur Gletscherzunge und zum Gletschersee Austerdalsvatnet gelangt man nur nach dem Überqueren des Svartisvatnet-Sees. In den Sommermonaten verkehren regelmäßig Ausflugsboote, die für eine Fahrt über den See etwa 20 Minuten benötigen. Der Ausblick auf den riesigen Gletscher ist bereits vom Schiff sehr eindrucksvoll. An der Anlegestelle beginnt die eigentliche Wanderung. Die Wanderroute führt zunächst über eine einfache Strecke. Anschließend geht es in etwas zerklüftetes Gelände und um Gletscherspalten herum. Im späteren Streckenverlauf nimmt die Steigung zu und die letzten 4,5 Kilometer bis zum Gletscher bestehen aus Eisklettern. Unterwegs entdeckt man tiefe Gletscherspalten, eigenwillige Eisformationen und die vereiste weiße Winterlandschaft. Der Svartisen-Gletscher befindet sich im Saltfjellet-Gebirge, einer der größten Gebirgsketten Norwegens. Rund um den Svartisen herum gibt es noch einige kleinere Gletscher, wie den Glombreen und Simlebreen. Der südliche Teil des Svartisen-Gletschers wird vom Polarkreis durchschnitten. Mittlerweile wird das Abflusswasser des Gletschers zur nachhaltigen Stromerzeugung aus Wasserkraft genutzt. Das Svartisen-Kraftwerk ist eines der größten Kraftwerke des nordischen Landes. In den vergangenen 50 Jahren haben sich die Gletscher im Norden Norwegens verändert. Aufgrund von Klimaveränderungen soll auch der Svartisen-Gletscher geschrumpft sein. Um die Gletscher zu erforschen, betreibt Norwegen unter dem Engabreen-Gletscher ein subglaziales Labor. Dort arbeiten Forscher an verschiedenen Projekten, indem sie die Gletscher aus einer Tiefe von etwa 200 Metern unter dem Eis untersuchen.

i

Gletschertouren zum Svartisen beginnen meist mit einer Schiffsfahrt. Von der Anlegestelle aus geht es zunächst über einen Kiesweg und danach über vereiste Pfade bis an den Gletscher heran. Organisierte Gletscherwanderungen können sich hinsichtlich ihrer Aktivitätsanforderungen und Dauer voneinander unterscheiden. Fitness und Beweglichkeit sind in jedem Fall erforderlich. Falls Kinder ab 10 Jahren an einer geführten Gletschertour teilnehmen, sollten sie von einem Erwachsenen begleitet werden. Gletscherausflüge zum Svartisen-Gletscher werden grundsätzlich ganzjährig angeboten. Die Durchführung eines Ausflugs unterliegt wetterbedingten Einschränkungen.

Polarkreiszentrum (Polarsirkelsenteret)

#24

8h

Das Überschreiten des **POLARKREISES**

Der Polarkreis bezeichnet den Breitengrad, an dem die Sonne an den Tagen der Sonnenwende nicht mehr auf- oder untergeht. Es handelt sich dabei um eine imaginäre Linie, die in klimatischer Hinsicht die nördliche gemäßigte Klimazone vom Polargebiet trennt.

Man unterscheidet zwischen einem südlichen und einem nördlichen Polarkreis. Während sich der Süd-Polarkreis auf der Südhalbkugel in der Nähe des Südpols befindet, kann man den Nord-Polarkreis im Norden von Norwegen entdecken. Im hohen Norden des Landes verläuft der Polarkreis, der auf Norwegisch „Polsirkelen" heißt, nördlich der Kleinstadt Mo i Rana, einer vorwiegend von Sami bewohnten Siedlung am Rande des Ranfjords. Die Stadt Mo i Rana ist nur wenige Kilometer vom nördlichen Polarkreis entfernt. Zu den Haupterwerbsquellen der Bewohner zählen die Schwerindustrie und der Fischfang. Im Zentrum des rund 19.000-Einwohner-Städtchens befindet sich die im 19. Jahrhundert errichtete und für ihr kostbares Altarbild bekannte Kirche. Des Weiteren gibt es dort ein Stadtmuseum sowie ein Freilichtmuseum außerhalb der Stadt. Das Stenneset-Freilichtmuseum besteht aus zwanzig historischen Gebäuden, die in der Zeit zwischen 1750 und 1890 entstanden sind und interessante Ausstellungen über den Alltag der Bewohner und die Umwelt im hohen Norden beherbergen. Weitere schöne Ausflugsziele in der näheren Umgebung sind der Berg Mofjell, von dessen Gipfel man einen tollen Ausblick über das Stadtgebiet hat sowie der Svartisen-Gletscher.

Von der Stadt Mo i Rana aus sind es nur wenige Kilometer bis zum nördlichen Polarkreis. In der Gegend, die für ihre saubere Luft, frisches, klares Quellwasser und ihre Ruhe und Einsamkeit bekannt ist, gibt es ausgezeichnete Wandermöglichkeiten. Das spannendste Erlebnis ist allerdings das Überschreiten des „magischen Breitengrads". An der Stelle, an der sich der nördliche Polarkreis befinden soll, hat man das Polarkreiszentrum (Polarsirkelsenteret) errichtet. In einer Höhe von 680 Metern über dem Meer befinden sich ein Informationszentrum, eine Cafeteria und ein Souvenirladen. Vom Polarkreiszentrum können Ansichtskarten, die mit einem speziellen Polarkreisstempel versehen werden, verschickt werden. Die Ausstellung im Informationszentrum informiert über den Polarkreis und dessen Bedeutung. In der Cafeteria bekommt man typische Gerichte Nordnorwegens. Verschiedene Andenken, die mit dem Polarkreis und der Region im Zusammenhang stehen, sind im Souvenirladen erhältlich. Der Besuch im Polarkreiszentrum gilt als Höhepunkt einer Norwegen-Reise und darf entsprechend zelebriert werden, beispielsweise mit einem Aquavit (ein Schnaps welcher übersetzt „Lebenswasser" bedeutet) zum Aufwärmen oder einem Selfie vor dem Polarkreiszentrum. Eine weitere Möglichkeit, den Polarkreis zu überschreiten, ist die Schiffsreise mit den Hurtigruten. An Bord wird dieses wichtige Ereignis mit dem Auftauchen von „Neptun" aus dem Meer, der die Passagiere mit Eiswasser tauft, gefeiert. Außerdem müssen die Schiffsgäste eine Mutprobe, die aus Lebertran-Trinken besteht, absolvieren, um damit das erfolgreiche Polarkreis-Überqueren zu besiegeln.

i

Das Polarkreiszentrum befindet sich auf dem Saltfjellet und liegt direkt an der Hauptverkehrsstraße E6, die den Norden und Süden Norwegens miteinander verbindet. Das Infozentrum ist täglich zwischen 10 und 18 Uhr geöffnet.

Kirche bei Mo i Rana

TRØNDELAG

2h

25 Nervenkitzel mit einer Moschusochsen-Safari in Trøndelag

4h

26 Die heimliche Hauptstadt nordischer Spezialitäten erkunden

27 Die UNESCO-Welterbestadt Røros erkunden

28 Kajakfahren am Nidelva-Fluss

8h

29 Spiel und Spaß erleben im Namsskogan Familienpark

Einfach QR-Code scannen und Google Maps Karte mit allen 55 Erlebnissen eingezeichnet ansehen.

Oder via Direktlink: www.gamikaze.ch/maps/norwegen

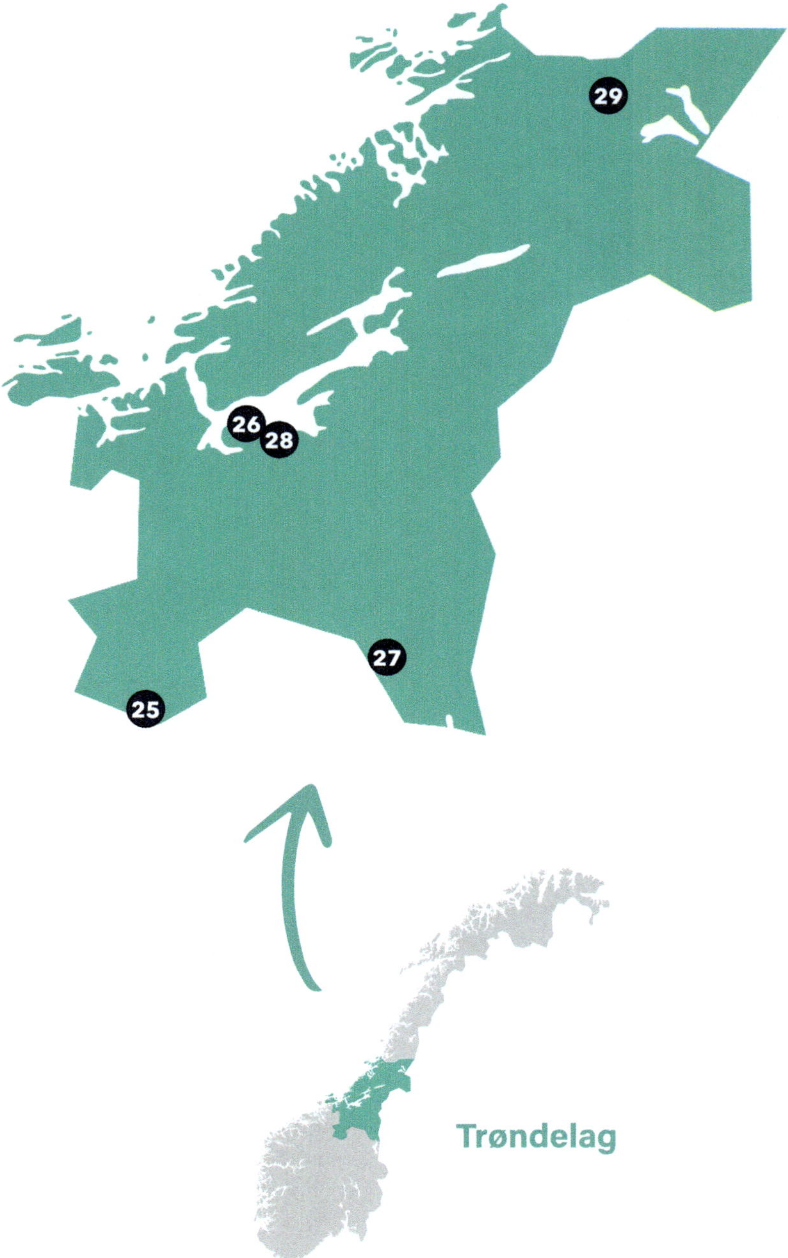
29
26
28
27
25
Trøndelag

#25 2h

Nervenkitzel mit einer MOSCHUSOCHSEN-SAFARI IN TRØNDELAG

Moschusochsen sind gewaltige Tiere mit langem zotteligem Fell und mächtigen Hörnern. Sie gelten als Überlebende der jüngsten Eiszeit und waren dennoch während Jahrtausenden im europäischen Festland nirgendwo zu finden.

Im Nationalpark Dovrefjell in der Provinz Trøndelag sind inzwischen wieder zahlreiche Moschusochsen heimisch. Der Dovrefjell-Sunndalsfjella-Nationalpark ist ein insgesamt 1.693 Quadratkilometer großes Naturschutzgebiet, das im Jahr 1974 gegründet wurde. Seit 2002 ist die Region Sunndalsfjella ebenfalls Bestandteil dieses einzigartigen Naturreservats. Zwischen den beiden Naturlandschaften verläuft die durch ganz Norwegen führende Europastraße 6. Hauptattraktion im Park ist der mit 2.286 Metern höchste Gipfel Snøhetta. In der Region begegnet man Elchen, Rentieren und Moschusochsen. Der auch als Bisamochse bezeichnete Moschusochse (Ovibos moschatus) ist ein Paarhufer, der zur Unterfamilie der Antilopinae zählt. Männliche Tiere werden bis zu 1,50 Meter hoch, während weibliche Tiere gewöhnlich Höhen von bis zu 1,30 Metern erreichen. Moschusochsen sind typische Bewohner arktischer Tundren.

Heutzutage ist diese Tiergattung fast nur noch in Alaska, Grönland und Kanada zu finden. Die schwerfällig wirkenden Moschusochsen können große Kälte aushalten, gegen anhaltende Feuchtigkeit sind sie jedoch sehr empfindlich. Deshalb halten sich die Tiere vor allem in Flusstälern und den tiefer gelegenen Ebenen auf. Dort sammelt sich im Frühling und in den Sommermonaten das Schmelzwasser. Es fallen nur wenig Niederschläge, sodass auf dem Permafrostboden eine grüne, saftige Vegetation wächst, die den Moschusochsen als Nahrung dient. Die Tiere ernähren sich hauptsächlich von den Blättern der Birken und Weiden. Außerdem fressen sie gerne aromatische Kräuter wie Süß- und Sauergräser sowie Flechten und Moose.

Die größte Moschusochsen-Population, die etwa 300 Tiere umfasst, lebt im Dovrefjell-Nationalpark. Diese Moschusochsen-Herde ist das erfolgreiche Ergebnis von mehr als 20 Jahre dauernden Versuchen, die kräftigen Tiere wieder in Norwegen anzusiedeln. Eine Moschusochsen-Safari ist ein Erlebnis mit Nervenkitzel und deshalb eher für abenteuerlustige Urlauber zu empfehlen. Auf das Ausschlafen im Urlaub muss bei einer Moschusochsen-Tour verzichtet werden, da die Tiere morgens zu den Gewässern wandern. Die beste Zeit, um Moschusochsen am Wasser anzutreffen ist von circa 9 bis 10 Uhr. Geführte Moschusochsen-Safaris beginnen daher frühmorgens und dauern in Regel etwa 2 bis 5 Stunden. In diesem Zeitraum gelingt es meist, die Tiere aufzuspüren und sich ihnen auf dem Moschusochsen-Trail zu nähern. Bei einer Moschusochsen-Safari wird ähnlich wie bei anderen Wildtier-Ausflügen farblich gedeckte Kleidung getragen, um in der Umgebung nicht aufzufallen. Mit einem Fernglas kann die Gegend besser abgesucht und die Tiere schon aus weiter Entfernung entdeckt werden.

i

Der Nationalpark Dovrefjell zählt zu den wenigen Orten weltweit, wo man Moschusochsen aus der Nähe erlebt und ist der einzige Ort in Norwegen, wo Moschusochsen-Safaris stattfinden. Während ortskundige Guides genau wissen, in welchem Bereich sich die Tiere aufhalten, kann eine Begegnung mit den majestätischen Moschusochsen auf eigene Faust durchaus gefährlich werden. Es wird deshalb empfohlen, einen Abstand von mindestens 200 Metern einzuhalten und nicht allein auf die Tiere zuzugehen.

Trondheim am Nidelva-Fluss

#26

4h

DIE HEIMLICHE HAUPTSTADT

nordischer Spezialitäten erkunden

Die drittgrößte Stadt Norwegens liegt im Südwesten des Landes. Aufgrund ihrer zentralen Lage hat sich Trondheim zum wirtschaftlichen und kulturellen Zentrum entwickelt.

Durch die Bahnlinie, die Europastraße 6 und den Hafen am Trondheimsfjord, der auch von Kreuzfahrtschiffen genutzt wird, ist die Stadt mit den anderen Landesteilen verbunden. Vom Trondheim Lufthavn starten regelmäßig Flugzeuge in die nur eine Flugstunde entfernte Hauptstadt Oslo sowie zu anderen norwegischen Städten. Trondheim kann auf eigene Faust erkundet werden. Die rund 200.000 Einwohner zählende Metropole liegt an einer Schleife des Nidelva-Flusses. In die Altstadt gelangt man über die im Jahr 1681 errichtete Stadtbrücke Gamle Bybro. Einer Sage zufolge soll das Überqueren der Brücke Glück bringen. Von der Stadtbrücke aus bietet sich der beste Blick auf die ehemalige Speicherstadt mit ihren bunten Holzhäusern. Innerhalb des kleinen, recht kompakten Altstadtviertels befinden sich zahlreiche gemütliche Cafés, Bars und Restaurants. Seit einigen Jahren hat sich in Trondheim eine vielseitige Gastronomieszene entwickelt, sodass die Stadt inzwischen als heimliche

Hauptstadt nordischer Spezialitäten gilt. Ein beliebter Treffpunkt ist das historische Bakklandet-Stadtviertel, in dem sich zahlreiche Cafés befinden, die hausgemachte Schokolade servieren. Weitere Spezialitäten der Region Trøndelag sind Lamm, Wildtiere und Meeresfrüchte. In der Nähe des Hafenbezirks befinden sich einige Restaurants, die sich auf Fischgerichte und Meeresprodukte spezialisiert haben. Ähnlich wie in anderen Provinzen Norwegens gibt es auch in Trondheim eine Kuchentradition, die auf reichhaltigen Sahnetorten basiert. Meist wird zu einem Stück Kuchen oder einem süßen Dessert ein Kaffee bestellt, der dazu getrunken und nicht wie in anderen Ländern üblich, danach genossen wird. Für einen Spaziergang nach einer ausgiebigen Mahlzeit eignet sich die Altstadt am Fluss Nidelva, wo sich bunt getünchte Holzhäuser aneinanderreihen. Hier finden sich auch viele schöne Fotomotive. Das Verkehrsmittel Nummer 1 in Trondheim ist das Fahrrad. Seit einigen Jahren ist die Stadt Norwegens führende Fahrradstadt. Der erste Fahrradlift der Welt, die sogenannte Trampe, befindet sich im Bakklandet-Viertel. Mit dem Mietfahrrad gelangt man in die Innenstadt, wo die bedeutendsten Sehenswürdigkeiten zu finden sind.

Die glückbringende Stadtbrücke Gamle Bybro

Das Wahrzeichen der Stadt ist der Nidarosdom, eine der bedeutendsten Kirchen in Norwegen, der zugleich als Nationalheiligtum gilt. Das im Jahr 1070 im gotischen Stil erbaute Gotteshaus war im Mittelalter bis zur Reformation das wichtigste Pilgerziel in Nordeuropa. Norwegische Könige wurden im Nidarosdom in Trondheim gekrönt. Mittlerweile hat man den Pilgerweg zum Nidarosdom, der am Grab Olavs des Heiligen vorbeiführt, wieder eröffnet. Kultur und Kunst werden in Trondheim großgeschrieben. Die Großstadt ist Sitz des Trøndelag-Theaters und des Trøndelag-Symphonieorchesters. In Norwegen ist Trondheim zudem für eine kreative regionale Jazzszene bekannt. Weitere interessante Sehenswürdigkeiten sind das Trøndelag Folk Museum, das Rockheim-Nationalmuseum für Popmusik sowie das Trondheim-Kunstmuseum. Eines der größten Holzgebäude Skandinaviens, der Stiftsgården (Hof des Stiftsamtsmanns), der im Jahr 1770 errichtet wurde, befindet sich ebenfalls in Trondheim. Das Bauwerk, das zu den größten Holzgebäude Skandinaviens zählt, ist seit 1906 die offizielle Residenz des norwegischen Königs, wenn sich dieser in Trondheim aufhält. Zur königlichen Residenz Stiftsgården gehört auch eine großzügige Parkanlage, die nach Zeichnungen des dänisch-norwegischen Komponisten Johan Daniel Berlin angelegt wurde. Der als außerordentlich vielseitig geltende Organist und Komponist, der zwei Jahre lang Stadtmusikant in Trondheim war, wird auch als Architekt der schlossähnlichen Anlage vermutet. Ein interessantes Besucherziel ist das Ringve-Museum. Das norwegische Nationalmuseum

Das Stiftsgården Holzgebäude

für Musik und Musikinstrumente liegt inmitten eines Botanischen Gartens im Stadtteil Lade etwas außerhalb des Stadtzentrums. Im Ringve-Museum werden Musikinstrumente sowie Musik-Sammlungen aus der ganzen Welt gezeigt. Die Ausstellungen verteilen sich auf zwei Gebäude und sind im Herrenhaus und der Scheune zu sehen. Funktionierende Musikinstrumente, darunter hauptsächlich Tasteninstrumente, befinden sich im Herrenhaus. Es besteht die Möglichkeit, an einer Führung teilzunehmen. Meist werden dabei einige Musikstücke auf verschiedenen Instrumenten angespielt. Im Erdgeschoss des Herrenhauses befinden sich die nach bedeutenden Komponisten benannten Räumlichkeiten. Hier sind die Lieblingsinstrumente von Mozart, Chopin und Beethoven ausgestellt. In der Scheune gibt es eine Vielzahl an Musikinstrumenten zu sehen. Im zweiten Raum des Gebäudes können einige Instrumente, beispielsweise Xylofon, Kuhhorn, Holzpfeifen und Trommeln selbst ausprobiert werden. Das Ringve-Musikmuseum beherbergt etwa 2.000 Musikinstrumente aus aller Welt.

Trondheim ist die drittgrößte Stadt Norwegens und für ihr reiches Kulturangebot bekannt. In der Stadt befinden sich zahlreiche Museen und Galerien. Beliebte Sehenswürdigkeiten sind der Kanalhafen mit den typischen Lagerhäusern, der als Nationalheiligtum geltende Nidarosdom sowie das Stiftsgården Holzgebäude, die Sommerresidenz der norwegischen Königsfamilie.

#27

4h

DIE UNESCO-WELTERBESTADT

Røros erkunden

Die Provinz Trøndelag wird durch abwechslungsreiche Landschaften und interessante Orte geprägt. Ein beliebtes Reiseziel ist die Stadt Røros, die wegen ihrer historischen Altstadt und den malerischen Holzhäusern zum UNESCO-Welterbe zählt.

Røros ist eine alte Minenstadt mit langjähriger Bergbau-Tradition. Mit dem Fahrrad kann die nahe der schwedischen Grenze liegende Stadt auf eigene Faust entdeckt werden. In Røros wurde schon in der Mitte des 17. Jahrhunderts Kupfererz abgebaut. Der Erzabbau prägte die lokale Wirtschaft bis ins 21. Jahrhundert. Erst in den 1970er-Jahren wurde der Abbau von Kupfererz eingestellt. Die meisten Häuser in der Altstadt sind gut erhalten. Røros, die Norwegens einzige Bergstadt ist, befindet sich auf einer Höhe von 630 Metern und ist circa 380 Kilometer von der Hauptstadt Oslo entfernt. Ebenso sehenswert wie der Ortskern mit den alten Holzhäusern ist die schöne Umgebung von Røros mit ihren Bergen, Seen, Flüssen und Mooren. Die Gegend gilt als optimales Ziel für Outdooraktivitäten wie Mountainbiken, Wandern oder Angeln. Allerdings ist das Städtchen, das aus den Ortsteilen Røros, Glåmos und Brekken besteht, für ihr raues Klima bekannt. In den Wintermonaten wurden bereits Rekordwerte von bis zu −50,4 Grad Celsius gemessen. Røros hat deshalb den Ruf, eine der kältesten Städte Norwegens zu sein.

Bekannte Sehenswürdigkeiten sind die Schmelzhütte, in der sich mittlerweile das Bergbaumuseum befindet sowie der Schlackenberg, der als Abfallprodukt beim Kupferschmelzen entstand. In Zeiten des Kupfererz-Abbaus war der Erzplatz (norwegisch: „Malmplass"), das Ortszentrum. An diesem Platz wurde nicht nur das angelieferte Erz gewogen, sondern Schichtbeginn und Schichtende für die Bergarbeiter durch eine große Glocke, die mittlerweile das Wahrzeichen der Stadt ist, eingeläutet. An den Schlackenhalden befinden sich heute noch bis zu 250 Jahre alte Holzhäuser, die den einfachen Bergleuten als Unterkunft dienten. Direktoren, Staatsbeamte und Ingenieure wurden hingegen in schönen, gelb oder rostrot gestrichenen Gebäuden in der Nähe des Stadtkerns untergebracht. Die weiße, im Jahr 1784 errichtete Oktogonalkirche überragt heute noch das Städtchen Røros. Am Glockenturm fallen die typischen Bergmannszeichen Meißel und Schlägel, die dort angebracht sind, auf. Das Kircheninnere besteht aus der Königsloge sowie aus mehreren offenen und geschlossenen Galerien. Die Wände sind mit Bildern, die Bergwerksdirektoren und Pastoren der vergangenen Jahrhunderte zeigen, geschmückt. In der Kirche gibt es eine Barockorgel. In der Nähe der Stadtkirche steht das Denkmal, welches an den ersten Erzfund erinnern soll. Außerdem besitzt Røros eine Ausstellung mit Objekten der historischen Sammlung des ehemaligen Kupferwerkes. Zu sehen sind beispielsweise typische Grubenwerkzeuge, Fahnen und Lampen sowie die vom Bergmannkorps zum Schutz verwendeten Waffen. Etwas außerhalb von Røros befindet sich die Olavsgrube, die mit dem Fahrrad erreichbar ist. Im Sommer kann ein Teil des weitläufigen Stollensystems besichtigt werden. Führungen sind in Norwegisch und Englisch möglich. Traditionell findet in Røros jedes Jahr am vorletzten Dienstag im Februar der Rørosmartnan statt. Der große Markt, der regelmäßig Zehntausende Besucher anlockt, dauert 5 Tage. Während dieser Zeit werden in der Region hergestellte Waren angeboten und überall in Cafés und Gaststätten traditionelle Musik gespielt.

Das Fahrrad ist ein praktisches und beliebtes Verkehrsmittel, um die kleine Stadt Røros und die landschaftlich schöne Umgebung zu entdecken. Da es in den Wintermonaten sehr kalt werden kann, ist beim Fahrradfahren entsprechende Kleidung notwendig. Das Gebiet um die Bergarbeiterstadt kann auch beim Wandern erkundet werden.

Minenstadt Røros

Der Nidelva-Fluss

#28

4h

Kajakfahren am NIDELVA-FLUSS

Von 1030 bis 1217 war Trondheim die Hauptstadt von Norwegen. Die Stadt am Trondheimfjord ist ein beliebtes Reiseziel mit zahlreichen Sehenswürdigkeiten.

Während die Innenstadt bequem zu Fuß oder mit dem Fahrrad erkundet werden kann, bietet sich beim Kajakfahren am Nidelva-Fluss eine völlig andere Sicht auf die Großstadt, die Sitz der Provinzregierung für Trøndelag ist. Beim Ausflug mit dem Kajak wird man häufig von Stockenten, die auf der Nidelva schwimmen, begleitet. Die Sicht auf die Speicherhäuser am Flussufer und die Alte Brücke ist grandios. Gegen Ende einer Kajakfahrt gibt es noch eine tolle Sicht auf den Fjord.

Die Nidelva entspringt im Selbusjøen-See im Ort Brøttem in der Nähe von Trondheim. Von dort verläuft der Fluss auf einer Strecke von circa 30 Kilometern in Richtung Norden am Stadtteil Tiller vorbei bis zu den Leirfällen. Kajakfahren zählt zu den beliebten Wassersportarten in Norwegen. Die Stadt Trondheim mit ihren historischen Lagerhallen aus Holz ist vom Wasser aus am besten zu sehen. Organisierte Kajakausflüge auf dem Fluss Nidelva dauern etwa 2 bis 4 Stunden.

Kajakfahren ist nicht schwer zu erlernen und deshalb auch für Anfänger geeignet. Während einer Einweisung wird der richtige Umgang mit dem Paddel gezeigt. In der Regel werden mehrstündige Kajakausflüge auf der Nidelva von erfahrenen Guides begleitet. Als sportliches Hobby kann Kajakfahren außerdem dazu beitragen, die Fitness zu verbessern.

#29

8h

Spiel und Spaß erleben
IM NAMSSKOGAN FAMILIENPARK

Spiel und Spaß gehören zu einem entspannten Norwegenurlaub dazu. Im Namsskogan Familienpark in der Provinz Trøndelag können lustige Aktivitäten und spielerische Aktionen miteinander verknüpft werden.

Der zum Familienpark gehörende Namsskogan-Wildpark beherbergt den größten Bestand nordischer Tiere in Norwegen. Zu den Wildtieren, die auf dem Gelände in großen Gehegen leben, zählen mehr als 30 Arten. Beim Rundgang begegnet man Wölfen und Bären ebenso wie Elchen, Luchsen und Vielfraßen. Vor Ort befindet sich auch ein Kletterpark. Der Namsskogan Familiepark ist Vergnügungspark und Zoo zugleich. Das riesige Parkareal liegt in der Nähe der Stadt Trones und ist über die E6 erreichbar. Es werden spannende Aktivitäten für Kinder und Erwachsene geboten. Durch die Größe des Geländes ist es beinahe unmöglich, alle Attraktionen an einem einzigen Tag zu besuchen. Im Wildpark Namsskogan sind einheimische und exotische Tiere zu sehen, vor allem jedoch die bekanntesten norwegischen Raubtiere, wie Luchse, Wölfe und Vielfraße, die aus nächster Nähe beobachtet werden können. Darüber hinaus tummeln sich im Park auch Pfaue, Strauße,

Alpakas, Iltisse, Ziegen und Rotwild. Für die jüngsten Gäste hat man die Kinderalm „Barnas Sæter" eingerichtet, wo Hühner, Schweine und Ziegen leben. Es gibt regelmäßige Fütterungsrunden, an denen auch die Besucher aktiv teilnehmen dürfen. Der Vergnügungspark bietet eine umfangreiche Auswahl an Aktivitäten für Kinder und Erwachsene. So kann man beispielsweise Crashboot fahren, Trampolinspringen, an kleinen Berg- und Talbahnrennen teilnehmen, nach Gold graben, mit dem Mondmobil oder dem Traktor durch den Park fahren. Im Tøffingtårnet-Turm können ältere Kinder sowie Erwachsene über eine mehrere hundert Meter lange Zipline über ein Gewässer fahren. Als Höhepunkt des Namsskogan Familiepark gilt der erst kürzlich in Betrieb genommene neue Kletterturm. Dieser 16 Meter hohe und aus 36 Kletterelementen bestehende Turm soll der höchste Kletterturm in Nord-Europa sein. Der Turm kann durch einen separaten Eingang betreten werden und ist daher auch außerhalb der Park-Öffnungszeiten zugänglich.

Der Namsskogan Familiepark ist im Sommer und Herbst sowie über Weihnachten und einen Teil der Wintermonate geöffnet. In den Herbstferien wird ein spezielles Ferienprogramm für Kinder angeboten. Da sich die Öffnungszeiten je nach Jahreszeit unterscheiden, empfehlen wir, sich auf der Webseite des Namsskogan Familienparks über die jeweils aktuellen Park-Öffnungszeiten zu informieren. Auf dem Parkgelände stehen zwei Restaurants zur Verfügung, deren Betriebszeiten ebenfalls saisonabhängig sind. An den Grillplätzen im Park kann mitgebrachtes Essen zubereitet werden.

DER WESTEN

2h

- 30 Die schönste Stabkirche des Landes in Borgund besuchen
- 31 Eine Kreuzfahrt im Geirangerfjord

4h

- 32 Relaxen am Refviksanden-Beach
- 33 Das berühmte Hanseviertel Bryggen in Bergen entdecken
- 34 Die schönste Bahnfahrt der Welt im Westen Norwegens
- 35 Kunst an sieben Standorten im KODE Art Museum
- 36 Sommerskifahren am Folgefonna-Gletscher
- 37 Meeresbewohner bestaunen im Aquarium von Bergen
- 38 Wandern zur Preikestolen-Felsplattform

8h

- 39 Zum Vøringsfossen Wasserfall wandern
- 40 Mit dem Postschiff unterwegs durch die Hurtigruten Norwegens
- 41 Wandern im Jotunheimen Nationalpark
- 42 Auf den Trolltunga klettern

Einfach QR-Code scannen und Google Maps Karte mit allen 55 Erlebnissen eingezeichnet ansehen.

Oder via Direktlink: www.gamikaze.ch/maps/norwegen

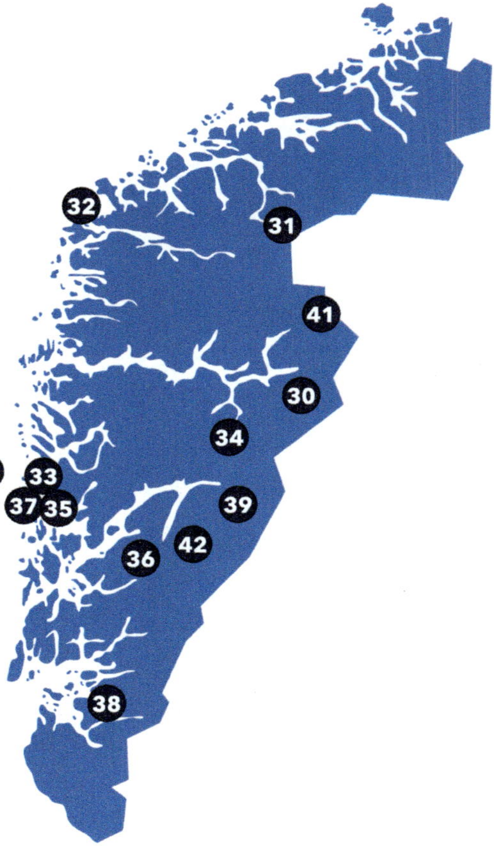

Der Westen

#30

2h

Die schönste Stabkirche des Landes **IN BORGUND BESUCHEN**

Stabkirchen sind typisch für Norwegen. Die hölzernen, als Stabbauten konstruierte Mastenkirchen zählen zu den historischen Bauwerken und spiegeln die Geschichte des Landes wider.

Beim Stabbau handelt es sich um ein besonderes Tragwerk, welches aus senkrecht stehenden Masten besteht. Auf den sogenannten Stäben ruht die gesamte Dachkonstruktion. Kirchen mit diesem speziellen Baustil findet man hauptsächlich in Skandinavien, jedoch sind nur noch wenige Stabkirchen in gut erhaltenem Zustand. Die meisten Mastenkirchen gingen bedingt durch ihre relativ primitive Konstruktion verloren, wurden durch Brände zerstört oder mittlerweile durch moderne Steinkirchen ersetzt. Außer der besonderen Dachmastenkonstruktion ist die Vertikalität des Kirchengebäudes das prägende Merkmal der Stabkirchen. Im Unterschied zu den Blockbauten sind die Holzteile in einer Stabkirche nicht waagerecht, sondern senkrecht angeordnet. Heutzutage existieren in ganz Skandinavien nur noch 30 Stabkirchen, davon stehen 28 in Norwegen. Bei Kirchen mit dieser Bauweise wird zwischen Stabkirchen vom Typ A (einschiffige Gotteshäuser, die maximal einen Mittelmast aufweisen) und Kirchen vom Typ B (größere Gebäude mit bis zu 12 freistehenden Masten) unterschieden. Die einmalige norwegische Baukunst, die aus den Stabkirchen wahre architektonische Meisterwerke macht, ist in Borgund, einer Ortschaft in der norwegischen Provinz Vestland zu sehen. Die dortige Kirche gilt als schönste Stabkirche des Landes und ist eines der kulturellen Highlights der Region. Ähnlich wie die anderen Kirchen aus Holz wurde die Borgund-Stabkirche im frühen Mittelalter während der Übergangszeit von der damals üblichen heidnischen Religion zum Christentum erbaut. Die meisten Mastenkirchen entstanden im 12. und 13. Jahrhundert und prägten mit ihrem Baustil diese Epoche. Die Stabkirche Borgund soll im Jahr 1180 entstanden sein. Das Gotteshaus ist eines der ältesten Holzgebäude in Europa und zählt zu den wichtigsten Kirchen der norwegischen Stabbaukunst. Außerdem gilt die Borgund-Kirche als besterhaltene Stabkirche, da die meisten Teile im Originalzustand erhalten sind. Durch dendrochronologische Untersuchungen konnte festgestellt werden, dass das zum Kirchenbau verwendete Holz im Winter 1180/81 in der Region gefällt wurde. In den vergangenen Jahrzehnten wurden zudem unter dem Boden der Stabkirche von Borgund Spuren eines wesentlich älteren Gebäudes entdeckt. Die Borgund-Stabkirche bietet auch im Inneren einen faszinierenden Anblick. Zahlreiche Säulengänge, ein Dach und Türme, die in mehreren Ebenen gebaut sind sowie kunstvoll geschnitzte Drachenköpfe am Dachfirst und schuppenförmige Dachziegel sind sehr sehenswert. Das mittelalterlich anmutende Kircheninnere wurde im Laufe der Zeit nicht verändert. Sowohl die Kirchenbänke als auch der Holzfußboden sind im Originalzustand erhalten. Schon von Weitem bietet die inmitten eines Tales liegende und von Bergen umrahmte Stabkirche von Borgund einen faszinierenden Anblick. Neben der Kirche befindet sich das Besucherzentrum, in dem eine Ausstellung über die Stabkirchen in Norwegen und ihre Bedeutung im religiösen Leben des Mittelalters gezeigt wird. Seit Kurzem gibt es im Borgund-Besucherzentrum zusätzlich eine neue Ausstellung mit einmaligen Wikingerfunden aus dem 9. Jahrhundert.

i

Die Stabkirche Borgund befindet sich in der Kommune Lærdal etwa eine Fahrtstunde von der Ortschaft Flåm entfernt. Geöffnet ist das Gotteshaus täglich zwischen 10 und 17 Uhr. Sonderöffnungszeiten während der Sommermonate (Juni bis August) ermöglichen die Besichtigung der Stabkirche von Borgund von 8 bis 20 Uhr. Die Stabkirche Borgund liegt unmittelbar am Vindhellavegen, einer der alten historischen Straßen, die bereits 1793 freigegeben wurde und damals die erste mit Fuhrwerken befahrbare Straße zwischen Ost- und Westnorwegen war.

#31

2h

Eine Kreuzfahrt im **GEIRANGERFJORD**

Etwa 15 Kilometer lang und bis zu 1,3 Kilometer breit ist der Geirangerfjord. Der bekannteste aller norwegischen Fjorde ist seit dem 14. Juli 2005 Bestandteil des UNESCO-Weltnaturerbes.

Zweihundert Kilometer nordöstlich von Bergen gelegen, ist der Fjord von üppiger Flora und schneebedeckten Gipfeln umgeben. Zum Entdecken der malerischen, von Kaskadenwasserfällen durchzogenen Geirangerregion bietet sich eine Fjordkreuzfahrt an. Die Mini-Kreuzfahrt zwischen Geiranger und Hellesylt dauert circa ein bis zwei Stunden und führt an reizvollen Plätzen und felsigen Landschaften vorbei. Der Geirangerfjord ist eigentlich eine Fortsetzung des Sunnylvsfjords. Dieser ist wiederum eine Verzweigung des Storfjords. Der Ort Geiranger, der sich am Endpunkt des Geirangerfjords befindet, liegt etwa 100 Kilometer von der Küste entfernt. Das Besondere am Geirangerfjord sind die steilen Fjordhänge, die an manchen Stellen bis zu 1.700 Meter hoch in den Himmel ragen. Verlassene Bauernhöfe an den Berghängen erinnern an längst vergangene Zeiten. Ein spektakulärer Anblick während einer Geiranger-Kreuzfahrt sind die als „sieben Schwestern" bekannten Wasserfälle. Das Wasser fließt mit einer durchschnittlichen Fallhöhe von 250 Metern hinab ins Tal. Während der Schneeschmelze im Frühjahr sieht man wahre Wasserströme, die sich ihren Weg nach unten bahnen. Das beeindruckende Schauspiel kann vom Schiff aus beim Fahren durch den Geirangerfjord beobachtet werden. Da die Wasserfälle vom Schmelzwasser gespeist werden, sind sie in den Monaten zwischen Mai und Juli, wenn der Schnee in den Bergen schmilzt, besonders gut zu sehen. Die Bezeichnung „sieben Schwestern" verdanken die Wasserfälle der Tatsache, dass sie von Weitem wie die Haarschöpfe von sieben Frauen aussehen. Zwischen Geiranger und Hellesylt gibt es einige weitere Wasserfälle zu sehen. Die Knivsflå-Wasserfälle sind auch als „Sieben Schwestern und der Freier" bekannt. Über eine Höhe von etwa 320 Metern stürzt der Brudesløret (Brautschleier-Wasserfall) in den Geirangerfjord. Obwohl der Wasserfall dabei eine Breite von 30 Metern erreicht, wird er aus der Ferne lediglich als dünner zarter Schleier wahrgenommen.

Schiffs-Kreuzfahrten am Geirangerfjord führen nah am Brudesløret vorbei, sodass die mächtigen Wassermassen gut zu sehen sind. Ausgangspunkt für Schiffsausflüge ist der Ort Geiranger. Das beschauliche Dorf ist der Hauptort der Region, hat jedoch nur einige hundert Einwohner. Geiranger ist touristisch geprägt. Im kleinen Hafen liegen jeden Tag zahlreiche Kreuzfahrtschiffe vor Anker. Wichtigste Treffpunkte sind daher der Hafen und das dort befindliche Tourismusbüro. Die bekannteste Sehenswürdigkeit ist das Geiranger-Fjordsenter. In diesem Museum werden multimediale Ausstellungen zur Geschichte der Geirangerregion und des Fjords gezeigt. Durch das Dorf schlängelt sich die steile Bergstraße Trollstigen, die bis zum Aussichtspunkt Flydalsjuvet führt. Von der Flydalsjuvet-Aussichtsplattform bietet sich ein beeindruckender Anblick auf den Fjord. Die Aussichtsstelle, die hoch oben in den Bergen und etwa vier Kilometer von der Ortschaft Geiranger entfernt liegt, gilt als idealer Platz zum Fotografieren des Geirangerfjords. Es gibt zwei Aussichtspunkte, die sich auf zwei Plateaus befinden und durch einen Weg miteinander verbunden sind.

i

Schiffsausflüge und Kreuzfahrten im Geirangerfjord werden von verschiedenen Tourenveranstaltern in Geiranger angeboten. Viele Bootstouren, die auch Führungen oder Hotel-Abholungen beinhalten können, sind online buchbar. Das Fjordsightseeing mit einem komfortablen Fährschiff dauert etwa 90 Minuten. Für besonders abenteuerlustige Urlauber geeignet sind Schlauchboottouren. Schlauchbootfahren im Geirangerfjord ist ein spannendes Erlebnis, da man mit dem Boot wesentlich näher an die Felsen herankommt.

#32

4h

Relaxen am
REFVIKSANDEN-BEACH

Obwohl Norwegen als Reiseziel für Badeferien kaum bekannt ist, gibt es in diesem nordischen Land eine Vielzahl gepflegter oder naturbelassener, sandiger und felsiger Strände.

Einer der schönsten Strandabschnitte, der von den norwegischen Medien sogar zum schönsten Badestrand des Landes gekürt wurde, ist der Refviksanden. Der Strand, der aus feinem, weißlich schimmernden Sand besteht, erstreckt sich über eine Fläche von 1,5 Kilometern. Bemerkenswert ist der farbliche Kontrast zwischen dem tiefblauen Wasser und dem fast weißen Sand. Es handelt sich beim Refviksanden-Strand um einen Muschelstrand, dessen weiße Farbe auf winzige Partikel von Muscheln zurückzuführen ist. Der Refviksanden-Strandabschnitt eignet sich für ausgedehnte Strandspaziergänge sowie zum Beobachten farbenprächtiger Sonnenuntergänge. Das Strandareal liegt etwas außerhalb des Dorfes Refvik und ist von dort bequem zu Fuß, mit Fahrrad oder Auto erreichbar. Der schneeweiße Refviksand-Strand gilt als familienfreundlicher Badestrand. Während der Sommersaison füllt sich der bei Einheimischen sehr beliebte Strand schon morgens mit zahlreichen Badegästen. Dennoch findet sich auch in der Hochsaison ein ruhiger Platz zum Sonnenbaden und Schwimmen. Direkt am Strand gibt es einen Campingplatz mit kommunalen sanitären Einrichtungen. Der große Parkplatz vor dem Strand ist gebührenpflichtig. Von der Kleinstadt Måløy, einem der Verwaltungssitze im Fylke Vestland, ist der Refviksand-Strand etwa 10 Kilometer entfernt.

#33

4h

Das berühmte Hanseviertel Bryggen **IN BERGEN ENTDECKEN**

Bergen ist eine bedeutende Hafenstadt und zugleich die zweitgrößte Stadt Norwegens.

Vom Hafen in Bergen starten die Schiffe der Hurtigruten zu ihren Fahrten entlang der norwegischen Küste. Die im Westen des Landes gelegene Metropole verfügt auch über ein modernes Eisenbahnnetz. So soll die Bergensbane, die Bergen mit der Hauptstadt Oslo verbindet, eine der höchstgelegenen und landschaftlich schönsten Eisenbahnstrecken Europas sein. Die bedeutendste Sehenswürdigkeit von Bergen ist allerdings das von der Hanse gegründete mittelalterliche Handelsviertel Bryggen. Ein eigenständiges Mitglied der Hanse war die norwegische Stadt zwar nicht, jedoch wurden dort in der Mitte des 14. Jahrhunderts einige Handelskontore gegründet. Früher dienten die malerischen Holzbauten zur Aufbewahrung von Getreide und Trockenfisch bis zur Verschiffung der Waren. Im Laufe der Zeit wurden zahlreiche der alten Kontore in Stadtbränden vernichtet, jedoch hat man die Häuser immer wieder neu aufgebaut. Am Anfang des 20. Jahrhunderts wurde das alte Viertel um einige Steingiebelhäuser erweitert. Die Fassaden der Holzbauten leuchten in sattem Weiß,

Gelb, Grün und Bordeauxrot. Inzwischen zählt das Bryggen-Viertel mit den einzigartigen Holzhäusern zum Weltkulturerbe der UNESCO.

Beim Rundgang durch das historische Stadtviertel sind mehrere Straßenzüge mit gut erhaltenen Kaufmannshäusern zu sehen. Im Nordosten des Bryggen-Viertels befindet sich die im Jahr 1130 erbaute Marienkirche. Die romanische Basilika, die den Stadtbrand von 1702 weitgehend unbeschadet überstand, wurde ursprünglich als Gotteshaus für die deutschen Kaufleute errichtet. Das ehemalige Hanse-Viertel Bryggen liegt am östlichen Ufer des inneren Hafenbeckens von Bergen. Im Mittelalter wurden die Kontorhäuser von Bryggen von Kaufleuten aus ganz Norwegen und der angrenzenden Länder, darunter auch von Händlern aus Deutschland bewohnt. Einst waren die Lagerhäuser mit Getreide aus Europa und mit Fisch aus Nordnorwegen gefüllt. Etwa ein Viertel der gut erhaltenen Holzbauten wurde im frühen 18. Jahrhundert errichtet. Die älteren Lager- und Kontorhäuser, die früher in diesem Viertel standen, fielen einem Stadtbrand zum Opfer. Einige der Steinkeller, die den Brand überstanden, sollen aus dem 15. Jahrhundert stammen. Bryggen hat sich inzwischen in ein modernes, von Werkstätten geprägtes Viertel verwandelt. Künstler und Kunsthandwerker stellen in ihren Ateliers hochwertige Kunstwerke her. Mehrere Museen in Bergen widmen sich der Geschichte des Viertels und zeigen in verschiedenen Ausstellungen den Alltag der Menschen im Bryggen-Viertel. Als besonders interessant gilt das Hanseatische Museum, das sich im Handelshof Finnegården befindet und einen Überblick über die Lebensverhältnisse in dieser Stadt während der Hansezeit ermöglicht. Insgesamt sind in dem in der Innenstadt von Bergen direkt neben dem Fischmarkt gelegenen Bryggen-Viertel 62 historische Gebäude zu sehen. Die bekannteste Freilichtattraktion kann zu Fuß auf eigene Faust erkundet werden. Beim Bummeln durch die engen Gassen und die dunklen Laubengänge entdeckt man das alte Norwegen.

#34

4h

Die schönste Bahnfahrt **DER WELT IM WESTEN NORWEGENS**

Die Flåmbahn (norwegisch Flåmsbana) ist eine Bahnlinie, die das Städtchen Flåm am Sognefjord mit Myrdal, einem Gebiet in Aurland, verbindet. Diese Bahnstrecke ist eine der bekanntesten Touristenattraktionen Norwegens.

Die Fahrt beginnt am Aurlandsfjord und führt durch das Hochgebirge bis nach Myrdal. Unterwegs ist die abwechslungsreiche Landschaft Westnorwegens zu sehen, während der Zug, der in Flåm bei Meeresspiegelniveau abfährt, auf der Fahrt bis zur 867 Meter über dem Meeresspiegel liegenden Bergstation Myrdal zahlreiche Höhenmeter überwindet. In Myrdal besteht Anschluss an die zwischen Bergen und Oslo verkehrenden regionalen Züge. Eine Reise mit der Flåmbahn ist etwas Besonderes, da die Bahngesellschaft historische Züge einsetzt. Unterwegs wird mehrmals angehalten. So gibt es einen etwa fünfminütigen Zwischenhalt zum Fotografieren am Kjosfossen, einem sagenumwobenen Wasserfall. Der Kjosfossen, der etwa 840 Meter über dem Meeresspiegel liegt, ist nur mit der Flåmbahn erreichbar. In der norwegischen Mythologie wird der Kjosfossen-Wasserfall als magischer Ort beschrieben, an dem sich schöne Waldfeen aufhalten sollen.

Mit dem Bau der Flåmbahn-Eisenbahnstrecke wurde im Jahr 1923 begonnen. Die umfangreichen Arbeiten, die als anspruchsvollste Ingenieursleistung Norwegens gelten, konnten 1940 abgeschlossen werden. Seitdem verkehrt die Flåmbahn auf der 20 Kilometer langen Eisenbahnstrecke, die eine der steilsten Normalspurstrecken der Welt ist. Unterwegs im Gebirge bis nach Myrdal verläuft der größte Teil der Strecke mit einer Steigung von mehr als 5,5 Prozent. Bis das Fahrtziel erreicht ist, werden ganze 20 Tunnel durchquert, von denen einer eine 180-Grad-Kurve aufweist. Die Zeit vor der Abfahrt des Zuges in Flåm kann dazu genutzt werden, den alten Ortskern mit der Kirche zu erkunden. Flåm am Sognefjord ist für Fjorde und Naturlandschaft bekannt. Rund um die Gemeinde gibt es verschiedene Wanderwege. Meist ist Flåm Ausgangspunkt für Wanderungen zum Aurlandsdalen, dem „Grand Canyon Norwegens".

Die Flåmbahn verkehrt das ganze Jahr über zwischen dem Städtchen Flåm am Sognefjord und der Bergstation Myrdal. Es besteht Anschluss an beinahe alle Züge, die zwischen Bergen und Oslo verkehren. Die steilste Eisenbahnstrecke der Welt ist etwa 20 Kilometer lang und bietet einzigartige Ausblicke in die von Gebirge und Fjorden geprägte Landschaft.

Kode 1 Museum

#35

4h

Kunst an sieben Standorten im KODE ART MUSEUM

An insgesamt sieben Standorten zeigt das KODE Art Museum interessante Ausstellungsstücke in den Bereichen Kunst und Handwerk, Musik und Design. Das in der zweitgrößten Stadt Norwegens Bergen ansässige KODE Art Museum ist eine einzigartige Kombination aus Kunstmuseum und Musikhaus.

Gleichzeitig ist das Kunstmuseum ein Zusammenschluss verschiedener Museen, denn es gibt insgesamt vier KODE-Museen und drei Komponistenhäuser, sodass sich die Ausstellungen auf sieben verschiedene Standorte verteilen. Im KODE-Kunstmuseum befinden sich wertvolle Gemälde berühmter Künstler wie Edvard Munch, Pablo Picasso und Nikolai Astrup. Die Gebäude Kode 1 bis Kode 4 sind im Stadtzentrum von Bergen und liegen nah beieinander. Das Eintrittsticket berechtigt das Besuchen aller KODE-Gebäude. Im Kunstmuseum ist eine umfassende Sammlung von Kunst und Design aus dem In- und Ausland zu sehen, die in temporären und ständigen Ausstellungen gezeigt werden. Eines der bekanntesten Ausstellungsstücke ist der Silberschatz Sølvskatten. Das Gebäude KODE 1, das nach einer Restaurierung vor Kurzem wiedereröffnet wurde, beherbergt die Abteilung Kunsthandwerk und Design. Hier befindet sich außer dem Sølvskatten-Silberschatz auch eine Dauerausstellung mit lokaler Goldschmiedekunst aus Bergen, eine Kunst- und Antiquitätenausstellung europäischer und asiatischer Antiquitäten, Gemälde alter Meister sowie die Singersammlung. Neben einem neuen Museumsshop gibt es im KODE 1-Gebäude ein Restaurant und einen Konferenzsaal.

Moderne Kunst und temporäre Ausstellungen zu Kunstthemen sind im KODE 2 zu sehen. Das Highlight der Ausstellungen im KODE 3 ist die Sammlung von Kunstwerken des Malers Edvard Munch. Bei den im KODE 3 gezeigten Gemälde handelt es sich um die drittgrößte Munch-Sammlung der Welt, die eine Auswahl der Hauptwerke des Künstlers beinhaltet. Darüber hinaus befinden sich im KODE 3 in Bergen bedeutende Werke des norwegischen Goldzeitalters. Dazu zählen Arbeiten von J. C. Dahl, Tidemand und Gude, Harriet Backer, Henrik Sørensen und Christian Krohg. Beim Rundgang durch die Räumlichkeiten entdeckt man spektakuläre Decken- und Wandmalereien von Mathias Blumenthal. Das Gebäude, in dem KODE 3 untergebracht ist, wurde bereits 1924 fertiggestellt.

In KODE 4 sind Werke internationaler Künstler wie Pablo Picasso und Paul Klee sowie norwegischer Maler wie Christian Krohg und J. C. Dahl ausgestellt. Die 2. Etage des Kunstmuseums beherbergt Kunstwerke, die in der Zeit zwischen dem 15. Jahrhundert und dem Beginn des 20. Jahrhunderts entstanden. In den vier Museumsgebäuden KODE 1, 2, 3 und 4 werden fast 50.000 Objekte, die von Gemälden, Skulpturen und Arbeiten auf Papier bis zu Möbeln, Musikinstrumenten, Videos und Designobjekten reichen, ausgestellt. Zum KODE Kunstmuseum zählen auch die Häuser, die den Komponisten Ole Bull, Edvard Grieg und Harald Sæverud gewidmet sind. In den Komponistenhäusern werden jedes Jahr mehr als 400 Konzerte organisiert.

Geöffnet sind die KODE-Museen von Dienstag bis Sonntag jeweils von 10 bis 17 Uhr. Am Donnerstagabend gilt eine verlängerte Öffnungszeit bis 20 Uhr.

Kode 3

#36

4h

Sommerskifahren am FOLGEFONNA-GLETSCHER

Im Sommer die Skipisten hinabsausen und den weißen Schnee unter den Füßen spüren, zählt zu den ganz besonderen Erlebnissen. In Norwegen ist Skifahren nicht nur im Winter, sondern an vielen Orten auch in den Sommermonaten möglich.

Eines der bekanntesten Sommerskigebiete ist die Gegend am Folgefonna-Gletscher. Beim Fahren über die Gletscherpisten genießt man die warme Sonne und die spektakuläre Aussicht auf die schneebedeckten Berge. Es werden auch organisierte Skiausflüge, die einen oder mehrere Tage dauern und für Skifahrer aller Fitnessgrade geeignet sind, angeboten. Die Folgefonna-Region gilt als führendes Sommerskizentrum in Europa. Auf der Halbinsel Folgefonna befinden sich außerdem einige Wintersportresorts sowie der gleichnamige Nationalpark. Am besten ist der Folgefonna-Gletscher von der Hafenstadt Bergen zunächst mit dem Bus und weiter mit dem Fjordexpressschiff zu erreichen. Während man auf dem Gletscher Ski fährt, erblickt man an klaren Tagen den Hardangerfjord an der südwestlichen Atlantikküste. Ein Schlepplift befördert die Skigäste zu den Pisten mit Fjord-Blick. Die breiten Skipisten sind auch für

Anfänger gut befahrbar und geeignet, um Grundkenntnisse im Skifahren zu erlernen. Erfahrene Skisportler können die Gelegenheit nutzen, um im Freestyle-Park neue Skimanöver auszuprobieren. Die Fonna-Region ist für ihren großen Snowpark, der zu den besten Sommer-Freestyle-Parks weltweit zählt, bekannt. Der komplette Funpark kann zwischen Mai und Juli genutzt werden. Ab August steht jedoch nur ein Teil des Parks zur Verfügung. Der Folgefonna-Gletscher ist der drittgrößte und südlichste Gletscher Norwegens. Die Sommerski-Saison beginnt Anfang Mai und dauert bis Ende August. Gut präparierte Pisten ermöglichen perfektes Carven. Die notwendige Skiausrüstung kann vor Ort gemietet werden. Am Folgefonna-Gletscher gibt es etwa fünf Kilometer Langlaufloipen, die für Skilanglauf, aber auch zum Skaten geeignet sind. Das gesamte Sommerskigebiet erstreckt sich auf einer Höhe zwischen 1.200 und 1.460 Höhenmetern und ist somit eines von drei höchstgelegenen Skiregionen in Norwegen. Zwischen Tal- und Bergstation beträgt der Höhenunterschied etwa 257 Meter. Außer Sommerskifahren werden im Umkreis des Folgefonna-Gletschers auch Gletscherwanderungen angeboten. Direkt neben dem Gletscher befindet sich das neu errichtete und am auffälligen Architekturstil erkennbare Servicegebäude Fonna 1199. Dort sind Skiverleih und sanitäre Einrichtungen untergebracht. Darüber hinaus gibt es einen Souvenirladen, ein Café sowie ein Restaurant, die lokale Küche anbieten.

i

Der Folgefonna-Gletscher liegt im Hochgebirge auf der Folgefonnahalbinsel. Die Sommerskianlage ist von Mai bis Ende August geöffnet und verfügt über mehrere Ski-Langlaufstrecken für Anfänger und Fortgeschrittene. Außerdem gibt es einen Freestyle-Park sowie Möglichkeiten für Schneeschuhtouren. Von der Hafenstadt Bergen ist das Skizentrum am Folgefonna-Gletscher in circa zwei Stunden Fahrzeit mit Auto, Bus und Schiff erreichbar. Skier und weitere Ausrüstungsutensilien können vor Ort ausgeliehen werden.

Folgefonna Gletschergebiet

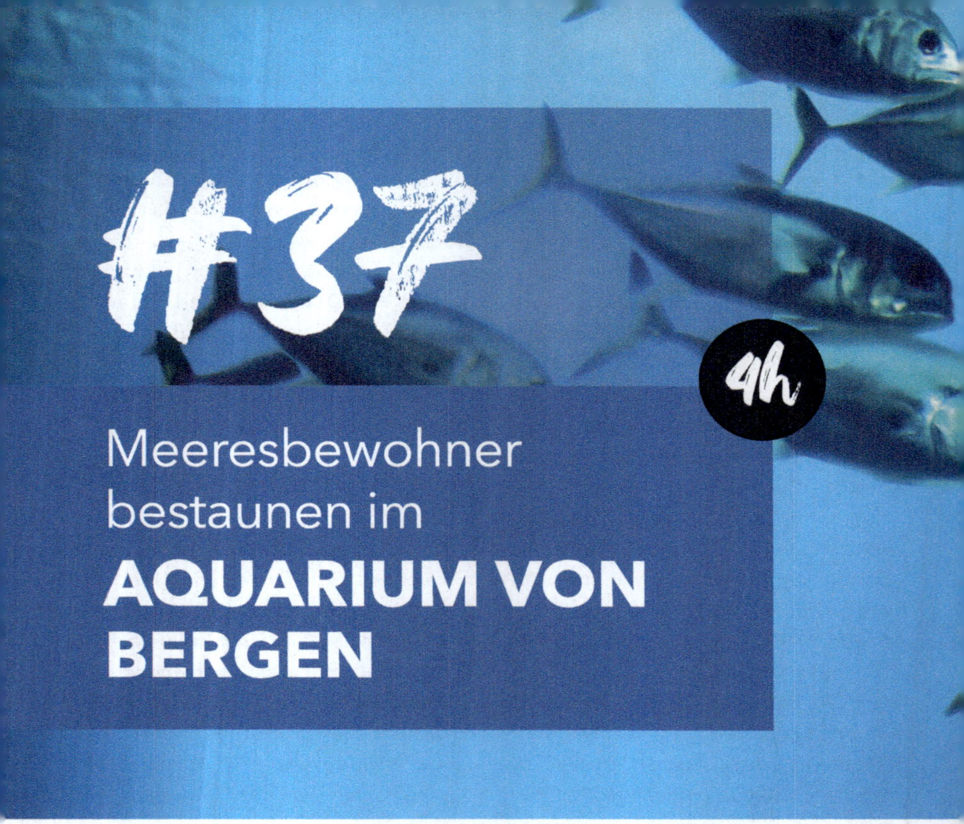

#37

4h

Meeresbewohner bestaunen im AQUARIUM VON BERGEN

Norwegen wird durch die lange Küste, das Meer und die Fjorde geprägt. In den Seen und Flüssen, an den Fjorden und im Ozean tummeln sich eine Vielzahl kleiner und großer Fische. Im Aquarium von Bergen begegnet man Fischen und anderen Meeresbewohnern aus nächster Nähe.

Das Bergen Aquarium, welches sich auf der Halbinsel Nordnes befindet, beherbergt mehr als 60 große und kleine Aquarien, in denen verschiedenste Fischarten und Meerestiere zu sehen sind. Das am 27. August 1960 eröffnete Gebäude galt lange als größtes und modernstes Aquarium Nordeuropas. Heutzutage sind dort mehr als 300 verschiedene Arten Fische und Meerestiere zu sehen. Bei einem Rundgang durch die großzügige Anlage erlebt man nicht nur Meeresfische wie Dorsch oder Lachs, sondern auch Schildkröten, Pinguine und Seelöwen. In der neuen tropischen Abteilung leben Tiere aus dem tropischen Regenwald, wie Schlangen, Krokodile und Seidenaffen. Außerdem sind in der Tropenabteilung des Aquariums winzige Insekten ebenso wie riesige Reptilien zu sehen. Während eines Rundgangs besteht die Möglichkeit, den Tieren bei der Nahrungssuche zuzusehen

oder sich die Verhaltensweisen von Reptilien, Fischen und anderen Meeresbewohnern von einem der Tierpfleger erklären zu lassen. Es gibt regelmäßig Filmvorführungen und Fütterungen im Innen- und Außenbereich. Das Bergen Aquarium verfügt über eine vielfältige Sammlung von Arthropoden (Gliederfüßer) wie Krebstiere, Tausendfüßer, Spinnentiere und Käfer verschiedenster Arten und Größen, darunter auch giftige Insekten und Kleinstlebewesen.

Interessant ist die Unterwasserabteilung mit Algen und Seetang. Die Ausstellung „Den blå skogen" (deutsch: der blaue Regenwald unter Wasser) zeigt, weshalb Seetang und Algen wichtig für das Leben im Meer sind. Ein Besuch im Aquarium von Bergen ist ein perfekter Ausflug für die ganze Familie und eignet sich ideal für einen verregneten Urlaubstag. Für Kinder gibt es auf dem Dach des Aquariums einen großen Spielplatz. Außerdem kann der Livesender der One Ocean Expedition besucht werden, wenn man im Aquarium ist. Bei der One Ocean Expedition handelt es sich um eine wissenschaftliche Weltumrundung des Segelschiffs Statsraad Lehmkuhl. Das Ziel der Reise besteht darin, mehr Wissen über die Ozeane zu bekommen, um dadurch zu einer nachhaltigen Entwicklung beizutragen. Die Erdreise der Statsraad Lehmkuhl kann anhand von Livesendungen im Aquarium Bergen mitverfolgt werden.

Das Bergen Aquarium ist täglich zwischen 9 und 18 Uhr geöffnet. Urlauber, die im Besitz einer Bergen-Card sind, können mit 25 Prozent Rabatt beim Eintrittspreis rechnen. In den Wintermonaten gibt es Tage mit freiem Eintritt für alle Besucher (Infos auf der Website des Aquariums beachten).

Der Preikestolen mit Ausblick auf den Lysefjord

#38

4h

Wandern zur PREIKESTOLEN-FELSPLATTFORM

Der Preikestolen ist eine in der norwegischen Provinz Rogaland gelegene natürliche Felsplattform. Das riesige Felsplateau ist etwa 25 mal 25 Meter groß und ermöglicht einen ausgezeichneten Rundblick über den Lysefjord und die angrenzenden Berge.

Ein Aufstieg auf den Preikestolen, dessen Felskante fast 604 Meter senkrecht in den Fjord abfällt, zählt zu den spektakulärsten Bergtouren in Norwegen. Beim Preikestolen handelt es sich um eine Felsformation, die vor etwa 10.000 Jahren durch Frostsprengung entstanden sein soll. Zur damaligen Zeit reichten die Kanten des Gletschers noch bis zu den Felsen. Als das Wasser in den Felsspalten gefror, wurden größere kantige Blöcke abgesprengt und vom Gletscher ins Tal befördert. Dadurch entstand die Preikestolen-Felsplattform in ihrer heutigen Form. Der Felsblock ist ein Naturereignis und zugleich eine touristische Attraktion. Helle Granitfelsen bestimmen die Landschaft am Preikestolen. Die Region Rogaland ist durch grüne Täler und bis zu 843 Meter hohen Bergen sowie durch Hochebenen mit Seen geprägt. Die ursprüngliche Landschaft mit ihren Gneis- und Granitfelsen bietet gute

Voraussetzungen zum Wandern und Klettern. Der Preikestolen ist einer der beliebtesten Wanderziele Norwegens und gleichzeitig einer der spektakulärsten Aussichtspunkte.

Es wird empfohlen, mit einer Klettertour zum Gipfel möglichst frühmorgens zu beginnen, da um diese Zeit nur wenige Wanderer unterwegs sind, sodass man die fantastische Aussicht ungestört genießen kann. Die Wanderstrecke zum Preikestolen ist acht Kilometer lang. Ausgangspunkt für die Wanderung ist die Berghütte Preikestolen Fjellstue. Die Rundwanderung entspricht einem leicht anspruchsvollen Schwierigkeitsgrad. Für die Wanderung sollten etwa vier Stunden eingeplant werden. Zum Preikestolen kann auf eigene Faust gewandert werden, es bestehen aber auch Möglichkeiten, sich einer geführten Wandertour anzuschließen. Organisierte Wanderausflüge zur Preikestolen-Felsplattform werden in der Saison zwischen April und Oktober täglich angeboten. Geführte Wanderungen werden von einem Guide begleitet und abhängig von den Witterungsverhältnissen durchgeführt. Eine besondere Art zu wandern, ist die Nachtwanderung auf den Preikestolen. Beim Wandern in der Nacht wird der Preikestolen bei Sonnenaufgang erreicht, sodass das Aufgehen der Sonne auf dem Felsen sitzend beobachtet werden kann. Als Alternative zur Klettertour bietet sich ein Bootsausflug im Fjord an. Bei einer Bootstour kann man die mächtige Felskanzel vom Wasser aus bewundern.

Die gesamte Wanderstrecke ist acht Kilometer lang. Es werden Höhenunterschiede von circa 500 Metern überwunden und einige Etappen sind relativ steil. Wandererfahrungen im rauen Gelände sollten deshalb vorhanden sein.

8h

#39

Zum Vøringsfossen
WASSERFALL WANDERN

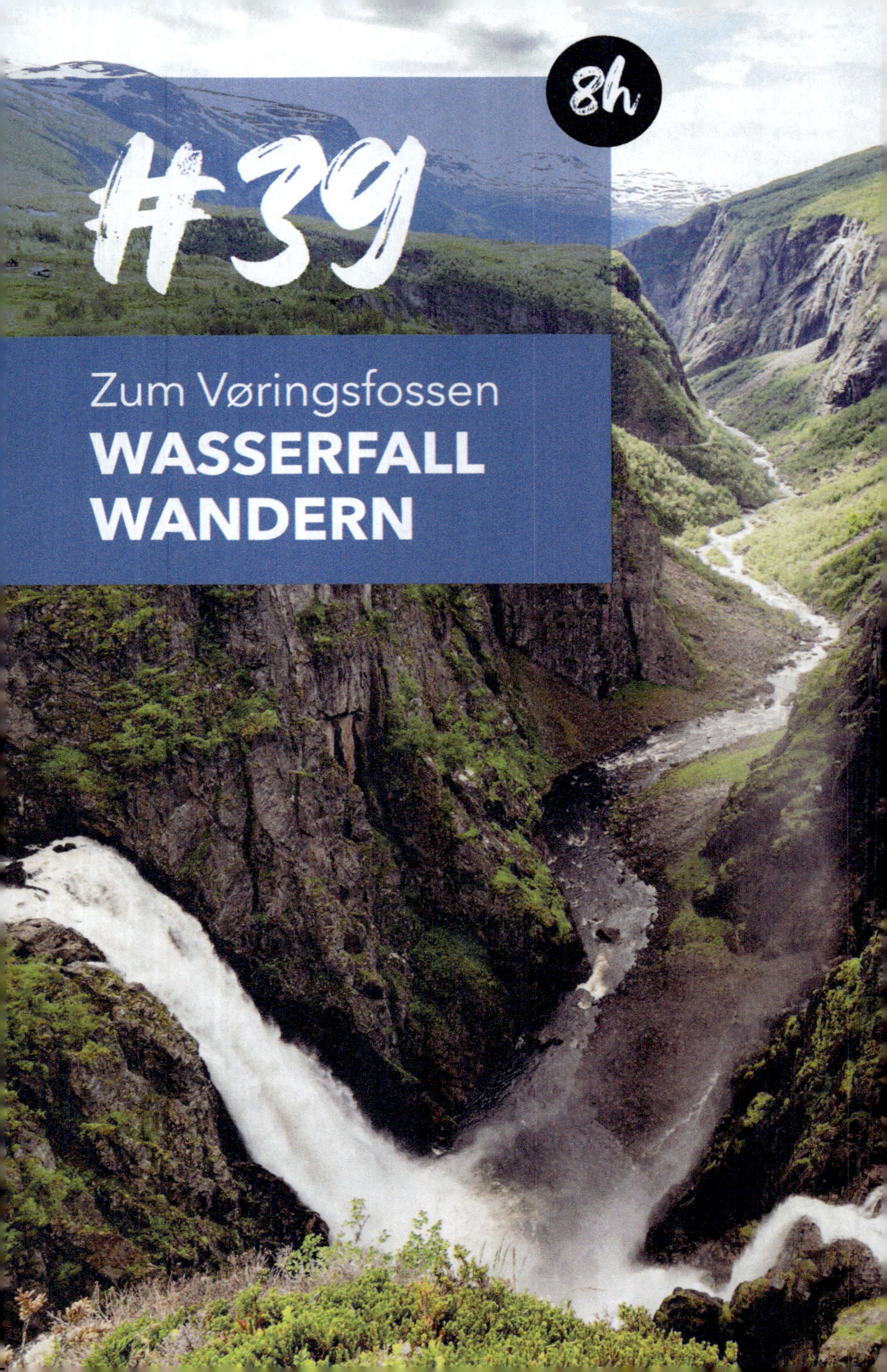

Der Vøringsfossen Wasserfall zählt zu den einzigartigen Natur-Sehenswürdigkeiten Norwegens. Das Wasser des Vøringsfossen rauscht in Kaskaden und mit einer Fallhöhe von etwa 182 Metern von der Hochebene Hardangervidda in das Måbødalen-Tal hinunter.

Im Westen des Landes gelegen, befindet sich der Wasserfall in der Region des Hardangerfjords. Auf der Aussichtsplattform zu stehen und die Wassermassen zu beobachten ist ein einmaliges Erlebnis. Der Blick über den grünen Taleinschnitt ist wunderschön. Für die Regulierung des Vøringsfossen Wasserfalls ist das Sima Kraftwerk verantwortlich. Die Anlage um den Wasserfall herum wird seit Herbst 2015 erneuert, wobei die meisten Aussichtsplattformen in der Gegend inzwischen fertiggestellt sind. Die über den Vøringsfossen Wasserfall führende Treppenbrücke kann seit Ende 2020 wieder benutzt werden. Das Areal, das am westlichen Rand der Hardangervidda, der größten Hochebene Europas liegt, befindet sich in der Nähe der Fernstraße Rv 7 und ist von Oslo oder Bergen kommend leicht zu erreichen.

Der Aufstieg zum Wasserfall beginnt am Parkplatz, in dessen Nähe sich bereits einige Aussichtspunkte befinden. Unten im Tal befindet sich das Hardangervidda Naturzentrum. Im offiziellen Besuchszentrum für den Hardangervidda Nationalpark ist ein Natur- und Kulturhistorisches Erlebniszentrum untergebracht, in dem auf drei Etagen interessante Ausstellungen zu Themen wie Natur, Klima und Umwelt zu sehen sind. Die Ausstellung ist in Form einer Zeitreise aufgebaut, wobei die Entstehungsgeschichte der Erde vor rund 2,9 Milliarden Jahren beginnt und die Entwicklung bis heute berücksichtigt wird. Das Highlight ist der mit einer 225-Grad-Panoramaleinwand ausgestattete hochmoderne Kinosaal. Besucher können sich den vom norwegischen Filmemacher Ivo Caprino produzierten Film „Fjord-Berg-Wasserfall" ansehen. Der Kinofilm zeigt die Wasserfälle, die Hardangervidda und den Hardangerfjord, Bergseen, Gletscher und steile Bergklüfte aus der Vogelperspektive, sodass der Eindruck entsteht, mit dem Hubschrauber über die Landschaft zu fliegen.

i

Der Besucherparkplatz Vøringsfossen und die Sanitäranlagen sind rund um die Uhr zugänglich und während der Sommersaison von Anfang April bis Ende Oktober geöffnet. Da auf dem Weg zum Vøringsfossen Wasserfall große Steine überquert werden und die Strecke nur teilweise asphaltiert ist, wird das Tragen fester Wanderschuhe oder Bergschuhe empfohlen. Der Höhenunterschied, den es zu überwinden gilt, beträgt etwa 250 Meter.

#40

8h

Mit dem Postschiff unterwegs durch die **HURTIGRUTEN NORWEGENS**

Die felsige norwegische Küste vom Deck eines Schiffes zu beobachten gelingt am besten bei einer Seereise. Hurtigruten (oder Hurtigruta) bezeichnet eine seit mehr als 125 Jahren existierende norwegische Postschifflinie.

Das Schifffahrtsunternehmen verbindet bereits seit 1893 viele Hafenstädte entlang der mehr als 2.700 Kilometer langen norwegischen Westküste miteinander. Für die Strecke zwischen Bergen und Kirkenes, die in sechseinhalb Tagen zu bewältigen ist, werden Passagier-, Fracht- und Kreuzfahrtschiffe eingesetzt. Seit 2019 zählt mit der MS Roald Amundsen das weltweit erste Hybrid-Expeditionsschiff zur Hurtigruten-Flotte. Die Route der Postschiffe, die heutzutage vor allem Touristen befördern, verläuft entlang der Fjorde und Insel-Archipele der westlichen Küste Norwegens. Es besteht die Möglichkeit, das Schiff in jedem Hafen zu verlassen, um auf eigene Faust die Gegend zu erkunden und die Schiffsreise einige Tage später fortzusetzen. Es muss nicht die gesamte Tour mitgefahren werden, sondern es können auch einzelne Streckenabschnitte gebucht werden. Mittlerweile bietet die Schifffahrtsgesellschaft auch organisierte Landausflüge an. Vom Hafen in Bergen legt täglich mindestens ein Hurtigruten-Postschiff ab. Die Schiffsroute wird das ganze Jahr über befahren. Das Besondere der Reiseroute besteht darin, dass sich die Schiffe sehr nahe an der norwegischen Küste bewegen, sodass auch kleinere Orte, Strände und Natur zu sehen sind, was bei einer Reise mit einem großen Kreuzfahrtschiff nicht möglich ist. Während einer Hurtigruten-Seereise von Bergen bis zur Endstation in Kirkenes, einer Stadt, die etwa 400 Kilometer nördlich des Polarkreises liegt, werden insgesamt 34 Häfen angefahren. Davon befinden sich 22 Hafenstädte nördlich des Polarkreises. Hurtigruten-Schiffe verkehren täglich in beide Richtungen, sodass die Reiseroute spontan geplant und bei Bedarf geändert werden kann. Die schönsten Stopps während der Hurtigruten-Seereise sind der Ålesund, Geirangerfjord, Kristiansund, Trondheim, Bodø, Svolvær (Lofoten) und Hammerfest. Da in ländlichen Regionen sowie in der Nähe von Naturschauplätzen oft hauptsächlich Campingplätze als Übernachtungsmöglichkeiten zur Verfügung stehen, sollte entsprechende Ausrüstung zum Übernachten in der Natur mitgeführt werden.

An Bord eines Hurtigruten-Schiffs ist kein formelles Outfit erforderlich, es wird lässige Freizeitkleidung getragen. Eine Hurtigruten-Reise ist zu jeder Jahreszeit möglich. Während in den Sommermonaten die Mitternachtssonne spektakuläre Erlebnisse verheißt, sind in der Herbst- und Winterzeit bunte Polarlichter sowie schneebedeckte Berge zu sehen.

#41

8h

Wandern im JOTUNHEIMEN NATIONALPARK

Im gebirgigen Hochland von Zentral-Norwegen gibt es verschiedene Naturparks. Einer davon ist der Jotunheimen Nationalpark, in dessen Gebiet sich einige der höchsten Berge Nordeuropas befinden.

Die Hochgebirgslandschaft wird von einem dichten Wanderwegenetz durchzogen und zählt zu den beliebtesten Wanderreisezielen Europas. Das weitgehend unberührte Gebirge gilt als optimal geeignet für ein- und mehrtägige Wandertouren. Im Winter werden im Nationalpark Jotunheimen Skiausflüge organisiert oder Gipfeltouren auf eigene Faust unternommen. Die mehr als 60 Gletscher in der Region tragen dazu bei, dass Skifahren bis in den Frühling hinein möglich ist. Das norwegische Wort Jotunheimen kann mit „Heimat der Riesen" übersetzt werden. Mit den Riesen sind die 275 Berggipfel im Nationalpark, die eine Höhe von 2.000 Metern und mehr erreichen, gemeint. Beliebte Wanderstrecken führen in das Hurrungane-Massiv sowie über den legendären Besseggen-Grat. Der Galdhøpiggen, mit einer Höhe von 2.469 Metern höchster Gipfel Norwegens, befindet sich ebenfalls im Nationalpark. Bislang steht nur eine Fläche von etwa 1.140 Quadratkilometern im Naturpark unter Naturschutz. Die Wanderwege in diesem Gebiet sind gepflegt und gut beschildert. Es gibt Wanderrouten für unterschiedliche Schwierigkeitsgrade. Besonders anspruchsvoll und daher für Wanderer mit entsprechender Erfahrung geeignet ist der Besseggengrat, der zwischen Gjendesee und Bessvatnet auf einem schmalen Bergrücken entlangführt. Bei schönem Wetter bietet sich eine atemberaubende Aussicht

über die beiden Bergseen sowie über die Gipfel des Jotunheimen.

Die Jotunheimen-Runde ist eine beliebte Rundwanderstrecke durch den Jotunheimen Nationalpark. Der Wanderweg führt in insgesamt 6 Etappen durch das höchste Gebirge Norwegens. Es ist möglich, die Wanderung an verschiedenen Stellen zu beginnen oder zu beenden. Dadurch will man den Wanderern ermöglichen, bei ungünstigen Wettersituationen spontan zu reagieren. Der Jotunheimen-Rundwanderweg, der spektakuläre Aussichten über das Gebirge sowie spannende Wandertouren durch abwechslungsreiche Landschaften bietet, ist vor allem für erfahrene Wanderer, die ein Tagespensum von 5 bis 10 Stunden Wandern ohne Einkehrmöglichkeit schaffen, geeignet. Grundsätzlich können auch Kinder (ab 6 Jahren), die Spaß am Wandern haben, an der Jotunheimen-Runde teilnehmen, jedoch sollten die Tagesetappen entsprechend kürzer sein.

Der Jotunheimen Nationalpark zählt zu den landschaftlichen Höhepunkten Norwegens. Das Gebirge, in dem sich die höchsten Gipfel des Landes befinden, wird von einem dichten Wanderwegenetz durchzogen. Es gibt Wandertouren für Wanderer aller Schwierigkeitsgrade. In der Vorsaison bis Ende Juni sowie in der Nachsaison ab Anfang September sind weniger Wanderer unterwegs als in den Sommermonaten.

#42

8h

Auf den TROLLTUNGA KLETTERN

Der mächtige Felsvorsprung, der sich 700 Meter über dem Ringedalsvatnet-Stausee erhebt, wird als Trolltunga (deutsch: Trollzunge) bezeichnet.

Teilweise liegt auf dem Hochplateau vor der Trolltunga ganzjährig Schnee. Früher war der spektakuläre Felsen bequem per Seilbahn erreichbar. Technische Gründe führten jedoch dazu, dass die Gondelbahn ihren Betrieb einstellen musste. Deshalb gelangt man heutzutage nur nach einer mehrstündigen Wanderung zu diesem magischen Ort. Für den Wanderausflug zur Trolltunga sollten etwa 8 bis 12 Stunden eingeplant werden. Von der Felsformation, die in einer Höhe von 1.180 Metern liegt, kann die gebirgige Landschaft mit ihren hohen Gipfeln überblickt werden. Die Wanderstrecke zur Trolltunga beginnt in Skjeggedal und führt im weiteren Verlauf quer durch das Hochgebirge. Hin und zurück bis zum Hauptstartpunkt am Parkplatz in Skjeggedal sind etwa 27 Kilometer zu wandern. Eine Möglichkeit, die Wanderung abzukürzen, besteht darin, den Shuttlebus, der zwischen Skjeggedal und dem Parkplatz in Mågelitopp verkehrt, zu nutzen. Dann sind auf dem Hin- und Rückweg nur etwa 20 Kilometer zu bewältigen. Unterwegs zur Trolltunga sind in regelmäßigen Abständen Schilder zu sehen, die anzeigen, wie groß die Entfernung bis zum Ziel ist und wie

viele Kilometer bereits zurückgelegt wurden. Es wird empfohlen, frühmorgens loszulaufen. Bei Wanderungen im Hochgebirge Norwegens sollte berücksichtigt werden, dass es in Höhenlagen kälter ist als an der Küste. Zur Wanderausrüstung gehören neben warmer Kleidung auch Ersatzbekleidung, feste Bergschuhe, Kopfbedeckung und Regenschutz. Da unterwegs kaum Verpflegungsmöglichkeiten bestehen, sollten Getränke und Essen mitgebracht werden. Vor Ort werden Tagestouren und Wanderungen zur Trolltunga mit Zeltübernachtung in den Bergen angeboten. Bei organisierten Wanderausflügen ist in der Regel ein erfahrener Bergführer dabei. In der Region kann das ganze Jahr über gewandert werden. Während die Sommermonate zwischen Juni und September für individuelle Wandertouren auf eigene Faust geeignet sind, werden im Winterhalbjahr von Oktober bis Mai aufgrund der Bodenverhältnisse geführte Wanderungen empfohlen. In den Wintermonaten besteht zudem die Möglichkeit, an begleiteten Schneeschuhwanderungen teilzunehmen.

i

Die Trolltunga befindet sich im Skjeggedal-Tal bei Tyssedal in der Nähe von Odda in der Hardangerregion.

DER SÜDEN

2h

43 Die berühmteste Skisprungschanze Norwegens
44 Eine Bootsfahrt durch den Blindleia-Archipel
45 Unterwegs am Lindesnes Leuchtturm
46 Die Oase der Ruhe inmitten der quirligen Hauptstadt entdecken
47 Innovative Kunstwerke aus aller Welt im Kunstmuseum Oslo

4h

48 Urbanes Flair trifft maritime Atmosphäre in Kristiansand
49 20.000 Jahre alte Geschichte erleben in den Brufjell Höhlen
50 Frischer Fisch direkt aus dem Ozean in Südnorwegen
51 Trendige Designerläden und rustikale Wochenmärkte in Oslo
52 Nachtleben pur genießen in den besten Clubs
53 Einmal Skipper sein und am Oslofjord segeln

8h

54 Pilgern auf Norwegisch
55 Hunderfossen Familienpark in Lillehammer

Einfach QR-Code scannen und Google Maps Karte mit allen 55 Erlebnissen eingezeichnet ansehen.

Oder via Direktlink: www.gamikaze.ch/maps/norwegen

55
54
43
52
46
47
51
53
49
48
44
45
50
Der Süden

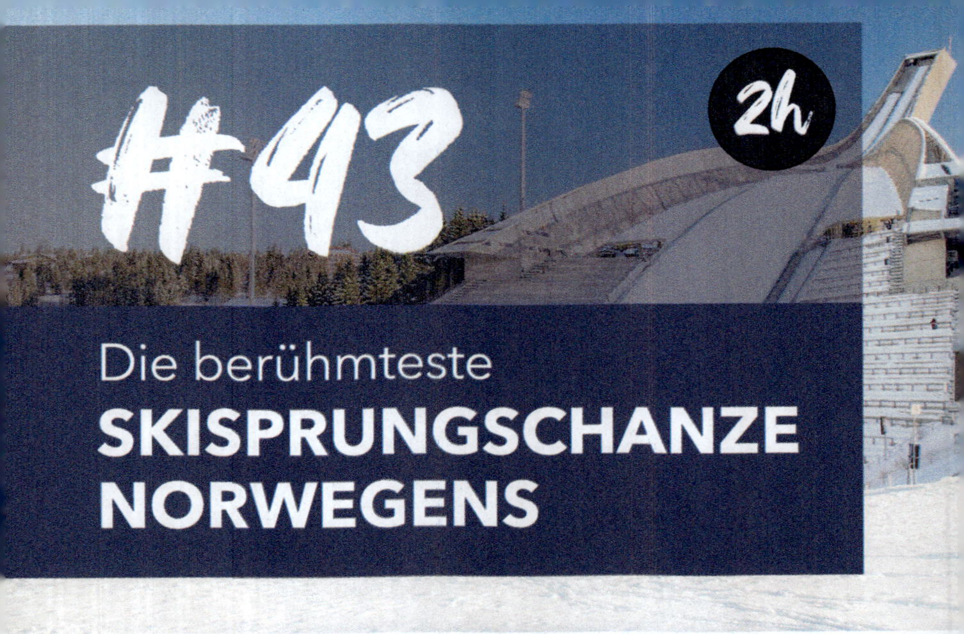

#93

2h

Die berühmteste **SKISPRUNGSCHANZE NORWEGENS**

Am Rand des Holmenkollens, des Hausbergs der norwegischen Hauptstadt, befindet sich der Holmenkollbakken. Die legendäre Skisprungschanze, die Ende des 19. Jahrhunderts errichtet wurde, soll die älteste Sprunganlage der Welt sein. Bereits am 31. Januar 1892 fand der erste Skisprungwettkampf am Holmenkollen statt.

Der erste Schanzenrekord von 21,5 Metern wurde von Arne Ustvedt aufgestellt. Die inzwischen mehrfach umgebaute und modernisierte Skisprungschanze in Oslo ist für den Skisport in Norwegen von enormer Bedeutung. Auf dem Holmenkollen wurden im Jahr 1952 die Olympischen Winterspiele ausgetragen und es finden weiterhin regelmäßig internationale Weltcupwettbewerbe in Sportarten wie Skispringen und Skilanglauf, Nordische Kombination und Biathlon statt. Auch der Skisprung-Weltcup der Damen fand im März 2013 erstmals an dieser Sprunganlage statt. Während der Schanzenrekord früher bei etwa 20 Metern lag, werden heutzutage Rekorde von über 130 Metern erzielt. Die jetzige Ski-Schanze wurde 2010 eröffnet und gilt als modernste Skisprungschanze der Welt. Für die Errichtung wurden etwa 1.000 Tonnen Stahl verwendet. Das Starthaus, das etwa 64 Meter über dem Boden schwebt, wirkt wie eine futuristische Konstruktion. Mit einer Gesamtlänge von 96,95 Metern und einer Neigung von 35,7 Grad ist der Holmenkollbakken eine einzigartige Skisprungschanze, die zudem die einzige Schanze der Welt mit permanentem Windschutz ist. Die Holmenkollen Skisprungschanze, die circa 425 Meter über dem Meeresspiegel

Die legendäre Skisprungschanze Holmenkollbakken

liegt, ist jedes Jahr Schauplatz eines Skifestivals. Der alljährlich im März stattfindende Holmenkollentag ist bei den Norwegern außerordentlich populär und gilt deshalb als zweiter Nationalfeiertag. Ein Besucher-Magnet ist auch das Skimuseum am Holmenkollen. Neben interessanten Ausstellungsstücken und Trophäen des Skisports gibt es im Skimuseum einen Flugsimulator, der virtuelle Absprünge auf der Skischanze ermöglicht.

i

Das 1923 gegründete Holmenkollen Museum, in dem sich rund 4.000 Ausstellungsgegenstände befinden, ist das älteste Skimuseum der Welt. In den Sommermonaten ist das Museum täglich zwischen 10 und 17 Uhr geöffnet. Es wird eine Eintrittsgebühr erhoben, mit dem Oslo Pass (City Card Oslo für Touristen) ist der Zugang kostenfrei.

#44

2h

Eine Bootsfahrt durch
DEN BLINDLEIA-ARCHIPEL

Die Region um Kristiansand zählt zu den schönsten Küstenabschnitten Norwegens. Der etwa 20 Kilometer lange Küstenstreifen zwischen Lillesand und Ulvøysund wird von einer Binnenwasserstraße, die Blindleia genannt wird, durchzogen.

Ein langgestrecktes Archipel kleinerer und größerer felsiger Inseln schützt die Wasserstraße vor dem offenen Meer. Da es sich bei der Blindleia um ein sehr ruhiges und geschütztes Fahrwasser handelt, wird sie für Bootsfahrten und Schiffsausflüge genutzt. Unterwegs zwischen dem Festland und den Inseln gibt es viele Ankermöglichkeiten. Die Schärenküste Norwegens besteht aus hunderten Inseln und Hafensiedlungen. Blindleia ist eines der beliebtesten Segelreviere. An manchen Stellen ist die Wasserstraße nur etwa 10 Meter breit. Das Navigieren erfordert daher ein wenig Geschicklichkeit. Es gibt jedoch keine Gezeiten und nur wenig Strömung, sodass die Durchfahrt als nicht schwierig gilt. Entlang des Wasserweges weisen einige Leuchttürme und deutlich markierte Bojen den Weg. Für Abenteuerlustige geeignet ist eine Paddeltour auf der Blindleia-Wasserstraße. Beim Paddeln kommt man an winzigen Inseln mit gemütlichen Holzhäusern, Fischerdörfern und kleinen Häfen vorbei. Bei privaten Touren mit gemieteten Booten besteht die Möglichkeit, unterwegs auf einigen der kleinen Inseln zu ankern, an Land zu gehen und einen (fast) unberührten Strand zu finden. In den Sommermonaten verkehren zusätzlich Linienschiffe auf der Wasserstraße.

Die Abfahrtsorte für reguläre Schiffe sind in Lillesand und Kristiansand. Entlang der Blindleia-Route wird in Ulvøysund und Gamle Hellesund sowie in Åkerøya und Brekkestø angelegt. Der kleine Hafen Ulvøysund ist sogar international für seine Seefahrt bekannt. Das älteste Gebäude auf der Insel ist ein über 400 Jahre alter Gasthof. Heutzutage ist Ulvøysund ein beliebter Urlaubsort mit nur wenigen ständigen Bewohnern. Auf der Insel Helløya befindet sich mit dem Außenhafen Gamle Hellesund ein weiterer Haltepunkt für Schiffsausflüge auf der Blindleia-Wasserstraße. Der kleine, in den Küstenschären gelegene Ort ist zudem nur auf dem Wasserweg erreichbar. Früher diente Gamle Hellesund an der Meerenge Blindleia als Außenhafen für Schiffe aus Richtung Skagerrak. Während der Ära der Segelschiffe im 19. Jahrhundert erlebte Gamle Hellesund ähnlich wie andere Häfen in Südnorwegen eine aktive Zeit. Damals gab es vor Ort eine Lotsenstation sowie eine Zollstation. Mittlerweile werden beide Stationen nicht mehr genutzt. In den Sommermonaten kommen vor allem Touristen nach Gamle Hellesund, um die schöne Natur und die stets frische Meeresbrise zu genießen. Zur Inselkette Hvaler in Østfold, die ebenfalls auf der Blindleia-Route liegt, zählen einige unbewohnte Inseln. Das bekannteste Eiland ist Akerøya, welches eine Fläche von circa 1,6 Quadratkilometern umfasst. Auf der nahegelegenen Insel Festningholmen befindet sich das Fort Akerøya. Die Festung war früher ein Teil der Befestigungsanlagen der Festung Fredrikstad. Als Winterliegeplatz für Segelschiffe dient Brekkestø, welches ursprünglich ein Wartehafen war und bei Schiffsausflügen durch die Blindleia-Meerenge besucht werden kann. Früher war Brekkestø ein bescheidener Lotsenhafen mit 8 Lotsen. Seitdem die Osloer Kunstszene die Insel für sich entdeckt hat, findet man dort viele kleine, gemütliche Pensionen.

i

Entlang der Schärenküste gibt es eine Vielzahl kleinerer und größerer Inseln. Die meisten sind ausschließlich vom Wasser aus zugänglich und können mit gemieteten Booten oder im Rahmen organisierter Schiffsausflüge besucht werden.

#45

2h

Unterwegs am LINDESNES LEUCHTTURM

Seit dem Jahr 1656 ist der Lindesnes Leuchtturm in Betrieb. Das älteste Leuchtfeuer des Landes befindet sich am südlichsten Punkt Norwegens und damit 2.518 Kilometer vom Nordkap entfernt.

In den Jahren zwischen 1825 und 1987 gab es am Lindesnes Leuchtturm zusätzlich ein Nebelhorn, um den Schiffen eine sichere Fahrt bei ungünstigen Witterungsbedingungen zu ermöglichen. Nach wie vor arbeiten zwei Leuchtturmwärter am Lindesnes Leuchtturm. Sie sind die einzigen Personen, die in Norwegen diesen Beruf ausüben. In der Nähe des Leuchtturms von Lindesnes gibt es ein Museum, ein Restaurant sowie einige Übernachtungsmöglichkeiten. Beim Lindesnes Fyr handelt es sich um ein modernes Museum, in dem ständige Ausstellungen über die Geschichte und die Infrastruktur der norwegischen Küste zu sehen sind. Der Bereich, an dem sich der Lindesnes Leuchtturm befindet, gilt als spektakulär und inspirierend, da das Meer dort auf Norwegens südlichsten Punkt trifft. Der Leuchtturm ist für die Öffentlichkeit zugänglich. Regelmäßig sind Filmvorführungen in der Berghalle unter dem Leuchtturm zu sehen. Das 16 Meter hohe Bauwerk besteht aus gusseisernen Platten. Durch die rotierende Linse werden kräftige Lichtstrahlen über das Meer gesendet. So sieht man am Lindesnes Leuchtturm etwa alle 20 Sekunden einen starken Lichtstrahl. Die Lichtquelle, die das Leuchten aussendet, befindet sich etwa 50 Meter über der Nordsee. Das Strahlen, das vom Lindesnes Leuchtturm ausgeht, ist aus einer Entfernung von 37 Kilometern zu sehen.

Ein Ausflug zum Leuchtturm von Lindesnes ist eine gute Gelegenheit, um die norwegische Seefahrtsgeschichte kennenzulernen. Bei der Inbetriebnahme des ersten Leuchtturms in Norwegen am 27. Februar 1656 wurden die Lichtsignale mithilfe von 30 Stearinkerzen auf der Spitze des dreistöckigen Turms hergestellt. Im Herbst des gleichen Jahres änderte man die Art der Beleuchtung, die danach durch ein Kohlenfeuer sichergestellt wurde. Damit eine Verwechslung mit dem benachbarten, in Dänemark gelegenen Skagen-Leuchtfeuer vermieden werden konnte, wurde beschlossen, den Lindesnes Leuchtturm mit zwei Lichtsignalen auszustatten. Daher gab es bis 1844 zwei Kohlefeuer, wovon eines vom heutigen Leuchtturm ausging und ein weiteres von der 4 Kilometer nordwestlich liegenden Insel Markøy. Bei einem Spaziergang entdeckt man rund um den Lindesnes Leuchtturm einige Überreste einer ehemaligen deutschen Festung, die im 2. Weltkrieg entstand und zur Besichtigung freigegeben ist. In einem der Tunnel befindet sich eine Ausstellung, in der Bilder norwegischer Leuchttürme gezeigt werden. Einige schöne Wanderwege führen von dem am Meer gelegenen Lindesnes Leuchtturm in die bergige Umgebung. Das Seewasser im Leuchtturm-Bereich wird zur Herstellung verschiedener lokaler Erzeugnisse wie Seife oder Spirituosen, die im Museumsshop erhältlich sind, genutzt. Erwähnenswert ist das leckere Leuchtturmbrot, das mithilfe einer besonderen Rezeptur mit Salzwasser sowie mit Algen aus dem Meeresgarten hergestellt wird. Mittlerweile wurde der Leuchtturm von Lindesnes zum nationalen Leuchtfeuermuseum ernannt und ist damit ein wichtiges Kulturgut, in dem man sich anhand verschiedener Ausstellungen über die Geschichte und Entwicklung von Leuchtfeuern sowie über die einzigartige Küstenkultur Norwegens informieren kann.

Im Lindesnes Leuchtturm werden ganzjährig jeden Sonntag Führungen angeboten. Im Juli gibt es täglich Führungen, die etwa 1,5 Stunden dauern und in mehreren Sprachen möglich sind.

Treppe im Lindesnes Leuchtturm

Botanischer Garten von Oslo

#46

2h

Die Oase der Ruhe inmitten der quirligen HAUPTSTADT ENTDECKEN

Im Jahr 1814 wurde in Norwegen der erste botanische Garten gegründet. Die große Parkanlage, zu der Pflanzensammlungen verschiedener Kontinente gehören, befindet sich in Tøyen bei Oslo.

Seit der Gründung hat sich die Größe des Gartens von ursprünglich 7,5 Hektar auf etwa 15 Hektar verdoppelt. Auf der riesigen Fläche sind rund 35.000 Pflanzen zu sehen. Aktuell beherbergt der botanische Garten circa 8.500 Arten, die aus aller Welt stammen. Der Pflanzengarten wird ständig erweitert und umstrukturiert. Früher gehörte das Gartenareal zum Besitztum des Herrenhaus Tøyen (norwegisch: Tøyen hovedgård). Vom damaligen Besitzer, dem Magistratspräsidenten Johan Lausen Bull, wurde das Anwesen im Jahr 1812 an Norwegens König Friedrich VI. verkauft. Der Herrscher überließ das Gelände der neu gegründeten Universität von Oslo. Aus dem ehemaligen Hauptgebäude des Herrenhauses wurde das Haupthaus des botanischen Gartens, welches gleichzeitig das älteste Gebäude der Osloer Universität ist. Die Gartenanlage ist größtenteils als Arboretum angelegt. Es gibt einen Alpengarten, der ähnlich wie eine Alpenlandschaft über einen Wasserfall und einen Bach verfügt. Im alpinen Bereich wachsen über tausend typische Alpenpflanzen. Der Nutzpflanzenbereich umfasst verschiedenste Nutzpflanzen. Ein magischer Duft liegt in der Luft, wenn man sich dem Garten nähert, in dem die Pflanzenarten in erhöhten Beeten gedeihen. Pflanzen aus wärmeren Regionen und tropischen Gebieten sind im Victoria- und Palmenhaus untergebracht. Im Palmenhaus ist zugleich eine interessante Ausstellung, die sich mit den Entwicklungen der Pflanzenwelt beschäftigt, zu sehen. Bei den Pflanzen im Außenbereich handelt es sich größtenteils um Bäume und Sträucher.

Auf dem Gelände des botanischen Gartens befindet sich auch das Botanische Museum. Dies ist jedoch nicht das einzige im Botanikgarten ansässige Museum. In den anderen Gebäuden sind das Zoologische Museum, das Paläontologische Museum sowie das Mineralogie- und Geologiemuseum untergebracht. Das Zoologische Museum gehört zum Naturhistorisk Museum und wird von der Universität Oslo betrieben. Die Museen sind auch für die Öffentlichkeit zugänglich. Das Zoologie-Museum besitzt eine umfangreiche Sammlung, die rund zwei Millionen Exponate und Tierpräparate umfasst. Aus Platzgründen kann jedoch nur ein kleiner Teil gezeigt werden. Entspannende Spaziergänge in der riesigen Parkanlage lassen sich optimal mit einem interessanten Museumsbesuch verbinden. Die Treibhäuser der botanischen Gartenanlage sind geeignet, etwas Neues über die Pflanzenwelt und die Pflanzenpflege zu lernen. Gleichzeitig ist der schöne Garten eine beliebte Oase der Ruhe inmitten der betriebsamen Großstadt Oslo. Die großzügige Rasenfläche wird auch als Liegewiese und für Picknicks genutzt. Zu den weiteren Einrichtungen des botanischen Gartens gehört ein Café.

i

Der botanische Garten in Oslo ist im Sommer täglich zwischen 7 und 21 Uhr geöffnet. In den Wintermonaten schließt die Gartenanlage bereits um 17 Uhr. Es werden Führungen nach Vereinbarung angeboten. Vom Osloer Stadtzentrum ist der Botanikgarten mit öffentlichen Verkehrsmitteln (Bus, Straßenbahn und U-Bahn) oder mit dem Taxi erreichbar.

Astrup Fearnley Museum of Modern Art

#47

2h

Innovative Kunstwerke aus aller Welt im **KUNSTMUSEUM OSLO**

Norwegen ist ein geeignetes Reiseziel, um Kunst und Kultur zu entdecken. Weltberühmte Kunstwerke wie die Gemälde von Edvard Munch, Street-Art, Skulpturen und andere künstlerischen Werke sind in Museen und Kunstgalerien im ganzen Land zu sehen. Eine ganz besondere Sammlung moderner und zeitgenössischer Kunst wird im Astrup Fearnley Museum of Modern Art in der Hauptstadt Oslo gezeigt.

Bei der Astrup Fearnley Sammlung handelt es sich um eine der bedeutendsten Kunstsammlungen ihrer Art in Nordeuropa. Ursprünglich wurde die Kunstausstellung durch junge amerikanische Künstler und deren individuelle, innovative Werke dominiert. Mittlerweile zählen auch bedeutende Künstler aus asiatischen Ländern wie China, Japan und Indien sowie europäische und brasilianische Maler zum Portfolio des Astrup

Fearnley Kunstmuseums. Die Sammlung des Museums wird durch wechselnde Ausstellungen ergänzt. Das Astrup Fearnley Museum of Modern Art ist eine private Galerie, die bereits 1993 gegründet wurde und seitdem für die Öffentlichkeit zugänglich ist. Die Sammlung bezieht sich hauptsächlich auf amerikanische Appropriation Art, eine Kunstrichtung, bei der von Künstlern bewusst Werke anderer Künstler kopiert werden. Dabei entstehen aus dem Kopieren eigene Kunstwerke, die sehr individuell sind und weder Plagiate noch Fälschungen darstellen. Die Ausstellungen im Astrup Fearnley Museum of Modern Art entwickeln sich jedoch immer mehr in Richtung einer zeitgenössischen internationalen Kunstszene. Zu sehen sind unter anderem Werke von Künstlern wie Jeff Koons, Cindy Sherman, Richard Prince, Tom Sachs, Cai Guo-Qiang und Olafur Eliasson.

Jedes Jahr werden im Astrup Fearnley Kunstmuseum etwa 6 bis 7 Wechselausstellungen gezeigt. Gleichzeitig produziert man vor Ort selbst eigene Ausstellungen, die anschließend weltweit gezeigt werden. Ursprünglich basierte die Museumssammlung auf einer etwa dreißig Jahre alten privaten Sammlung. Mittlerweile hat sich das Kunstmuseum Astrup Fearnley durch die Aufnahme weiterer Kunstwerke und Kunstrichtungen erheblich weiterentwickelt. Im Jahr 2012 konnte das Museum in zwei von italienischen Architekten und Industriedesigner entworfene Gebäude umziehen. Finanziert wird die bedeutende Kunstsammlung von zwei philanthropischen Stiftungen. Die Thomas Fearnley Foundation sowie die Heddy and Nils Astrup Foundation wurden von Nachkommen der norwegischen Reederfamilie Fearnley gegründet. Nach wie vor besteht die ständige Sammlung größtenteils aus Werken norwegischer Kunst, umfasst inzwischen aber auch internationale zeitgenössische Kunstwerke. Schwerpunktmäßig beschäftigt sich das Astrup Fearnley Museum mit der modernen Kunst der 1960-er Jahre bis zur Gegenwart sowie mit europäischer und amerikanischer Pop-Art und internationaler Gegenwartskunst. Das Astrup Fearnley Museum of Modern Art ist vom Skulpturenpark Tjuvholmen umgeben. Im Park, der am 10. August 2012 eröffnet wurde, befinden sich verschiedene, von namhaften Künstlern gestaltete, sehr sehenswerte Skulpturen.

i

Geöffnet ist das Astrup Fearnley Museum of Modern Art an Samstagen und Sonntagen jeweils von 11 bis 17 Uhr sowie dienstags und mittwochs zwischen 12 und 17 Uhr. Am Donnerstag öffnet das Museum um 12 Uhr und bleibt bis 19 Uhr geöffnet. Im Museum befindet sich ein italienisches Restaurant. Regelmäßig finden Führungen und Kunstgespräche statt, die auch für die Öffentlichkeit zugänglich sind.

Urbanes Flair trifft maritime Atmosphäre in **KRISTIANSAND**

Im Süden Norwegens gelegen, ist Kristiansand die Hauptstadt der Region Sørlandet (Südland). Das Besondere an dieser dynamischen, von Schifffahrtstraditionen geprägten maritimen Stadt ist ihre einzigartige Lage.

Kristiansand ist an drei Seiten vom Wasser umgeben. Seit der Stadtgründung im Jahr 1641 hat sich die inzwischen etwa 115.000 Einwohner zählende Großstadt zu einer wichtigen Handelsstadt entwickelt. Die südnorwegische Stadt ist gleichzeitig ein wichtiges kulturelles Zentrum des Landes und besitzt eine Vielzahl interessanter Sehenswürdigkeiten. Im Stadtteil Posebyen dominieren traditionelle Holzhäuser das Straßenbild. Die neugotische Kristiansand Domkirke, das wichtigste Gotteshaus der Stadt sowie das Sørlandets Kunstmuseum, befinden sich ebenfalls im

Altstadtviertel. Die schönste Attraktion von Kristiansand sind die weißen Sandstrände. Die meisten der mit der blauen Flagge ausgezeichneten Strandabschnitte liegen in der Nähe des Stadtzentrums und sind gut zu Fuß erreichbar. Kristiansand zählt zu den Orten mit den meisten Sonnenstunden in Norwegen. Der südöstliche Küstenabschnitt ist ein beliebtes Naherholungsziel, da sich der Stadtstrand Bystranda, der Aquarama Wasserpark sowie die im 17. Jahrhundert errichtete Rundbaufestung Christiansholm dort befinden. Der Bystranda-Beach gilt als einer der saubersten Strände Südnorwegens. Die von Palmen gesäumte Strandpromenade, der Sandstrand mit Pier zum Schwimmen und das Sonnendeck sorgen für südländische Atmosphäre. Im Sommer, wenn die Temperaturen bis auf 21 Grad steigen, ist am Bystranda-Stadtstrand mit vielen Badegästen zu rechnen. Die zahlreichen Palmen am Strand sind auch die Namensgeber für das alljährlich im Juli am Bystranda-Strand stattfindende Palmesus Festival. Das zweitägige Musik- und Campingfestival gilt als größte Strandparty Skandinaviens. In der Nähe des Stadtstrandes befindet sich der Fiskerbrygga-Kai. Dort verkaufen Fischhändler ihren Fang.

Das bekannteste Museum von Kristiansand ist im Stadtviertel Kongsgård zu finden. Das Freilichtmuseum besteht aus etwa 34 bis 40 historischen Häusern. Außerdem zählen ein Hauptgebäude mit einer Spielzeugausstellung sowie eine Miniaturstadt zum Areal des Museums. Die Ausstellungen verteilen sich auf die drei Bereiche Bygade, Setesdal Hof sowie Vest-Agder Hof. Der Setesdal Hof und der Vest-Agder Hof stammen aus dem Mittelalter und sollen um das Jahr 1580 errichtet worden sein. Bei einem Rundgang bekommt man einen Einblick in die Lebensweise der Bewohner. Zu den Höfen zählen mehrere Ställe, Scheunen und Speichergebäude. Auf der Weide vor den Höfen grasen Lämmer und Schafe. Außerdem hat man dort eine Miniaturstadt aufgebaut, die mit Gebäudekopien aus Kristiansand bestückt wurde. Für Kinder gibt es ein besonderes Programm, das „Spaß im Museum" heißt. Die jungen Besucher haben die Möglichkeit, im Haus der Kinder an Führungen teilzunehmen, traditionelle Spiele zu spielen, Märchen zu hören oder ihre handwerklichen Fähigkeiten in der Tischler- und Filzwerkstatt auszuprobieren.

Das Kongsgård-Freilichtmuseum ist eine international bekannte Institution, die mit ihrer vielfältigen Sammlung gut erhaltener Ausstellungsstücke ein beliebtes Ausflugsziel zum Entdecken der norwegischen Kultur ist. Ein weiteres Museum von regionaler Bedeutung ist das in der Innenstadt von Kristiansand gelegene SKMU Sørlandets Kunstmuseum. Es werden neben einer ständigen Ausstellung, die norwegische Kunst von 1800 bis zur Gegenwart zeigt, auch wechselnde Ausstellungen in Bereichen wie bildender Kunst und Kunsthandwerk veranstaltet. Um ein

historisches Verteidigungsmuseum handelt es sich beim Kristiansand Kanonmuseum. Dort sind Kanonen aus dem 2. Weltkrieg, unter anderem auch eine 337 Tonnen schwere und somit zweitgrößte Kanone der Welt zu sehen. Militärisches Überschussmaterial kann im Kanonmuseum Kristiansand zudem käuflich erworben werden. Da sich in unmittelbarer Nähe des Museums ein Aussichtspunkt sowie Wanderwege und ein schöner Badeplatz befinden, lässt sich ein Museumsbesuch optimal mit einem Wander- und Badeausflug verbinden. Die Kristiansand Domkirche befindet sich auf dem Marktplatz der Stadt. Das Gotteshaus im neugotischen Stil wurde im Jahr 1885 errichtet und ist ganzjährig geöffnet. In den Sommermonaten werden in der Domkirche Führungen angeboten, die sich mit der Geschichte der Kirche beschäftigen. Außerdem finden im Dom von Kristiansand regelmäßig Orgelkonzerte statt. Musikliebhabern wird der Besuch im Kilden Performing Arts Center empfohlen. Das auf der Insel Odderøya gelegene Theater- und Konzerthaus Kilden beherbergt das Agder Regional Theatre, das Kristiansand Symphony Orchestra und die regionale Operngesellschaft Opera Sør. In Südnorwegens kulturellem Zentrum finden regelmäßig interessante Veranstaltungen in den Bereichen Theater und Musik statt. Die nur 0,7 Quadratkilometer große Insel Odderøya liegt südlich des Stadtzentrums. Mit der Innenstadt von Kristiansand ist Odderøya durch vier Brücken verbunden. Die Mini-Insel, die früher als Marinestützpunkt diente, ist heute ein beliebtes Erholungsgebiet, das für Spaziergänge oder zum gemütlichen Kaffeetrinken im Café genutzt

Blick auf die Stadt Kristiansand

wird. Auf der Insel Odderøya befindet sich auch der erste Indoor-Kletterpark Norwegens „Høyt & Lavt Odderøya". Das Kilden Performing Arts Center fällt durch den markanten Architekturstil auf. Auf einer Gesamtfläche von circa 16.500 Quadratmetern befinden sich vier verschiedene Veranstaltungsorte. Dazu zählt auch die Concert Hall, die 1.170 Zuschauern Platz bietet und eine der besten Konzertsäle Skandinaviens sein soll.

Kristiansand Domkirche

Kristiansand ist eine der schönsten Städte Norwegens. Die am Meer gelegene Großstadt kann auf eigene Faust erkundet werden. Die wichtigsten Sehenswürdigkeiten, wie die Kristiansand Domkirke, die traditionellen Holzhäuser des Posebyen-Viertels sowie die meisten Museen befinden sich in der Innenstadt und sind zu Fuß erreichbar. Der beliebte Bystranda-Stadtstrand und die von Palmen gesäumte Uferpromenade sind nur wenige Minuten von der Altstadt Kristiansands entfernt. Ein besonderes Highlight ist der Besuch im Kilden Performing Arts Center, das auf der Insel Odderøya südlich des Stadtzentrums gelegen ist.

Brufjell Höhlen
in Åna-Sira

#49

4h

20.000 JAHRE
alte Geschichte erleben in den Brufjell Höhlen

Vor mehr als 20.000 Jahren bildeten sich im Listaland in Südnorwegen höhlenartige Einbuchtungen in den Felsen an der Küste. Daraus entstanden im Laufe der Zeit originelle Gletschertöpfe, die Brufjell Höhlen.

Die Brufjell Höhlen befinden sich in Åna-Sira, einer Gegend in der Nähe des Flekkefjords. Beim Wandern entlang der mächtigen Steintröge bietet sich ein atemberaubender Blick über das Meer und das Listaland. Die Gletschertöpfe entstanden während der letzten Eiszeit, als die Berge ringsum noch viel höher waren als heute. Der hohe Wellengang, der kontinuierlich gegen die Felsen schlägt, verleiht den Brufjell Höhlen ihre besondere Form. Ein Wanderweg führt von der Hauptstraße, an der sich ein Parkplatz befindet, bis zum Meer und den Höhlen. Die Wandertour beginnt mit einem steilen Aufstieg. Folgt man dem markierten Pfad, gelangt man zur Bergspitze, wo sich ein Briefkasten befindet. Wanderer werden gebeten, die Postbox zu öffnen, das darin liegende Heft zu entnehmen und ihre Namen dort einzutragen. Dies soll dazu dienen, die Besucherzahl abzuschätzen und die Wandermöglichkeiten zu verbessern. Vom Berggipfel aus folgt man der roten Markierung bis hinunter zum Meer. Die letzte Etappe der Wanderung zu den Brufjell Höhlen ist besonders spannend, da der Pfad extrem steil abfällt. Es gibt allerdings Haltegriffe, um sich festzuhalten. Bei Regen können die Felsen sehr glatt sein, sodass etwas Umsicht beim Wandern auf dem Brufjell-Höhlenweg angebracht ist. Nach Erreichen der Brufjell Höhlen setzt man sich einfach in eine der höhlenartigen Einbuchtungen und genießt die wunderbare Aussicht über das Meer. Da es sich um eine Rundwanderung handelt, kann für den Rückweg eine andere Route gewählt werden. Eine Möglichkeit, die imposante Landschaft zu entdecken, besteht darin, von der Bergspitze aus in Richtung Westen nach Sandvika zu wandern. Dieser Wanderweg, der ebenfalls gut beschildert ist, führt zu einem Kieselstrand. Der Sandvig Strand, der auf der Wanderroute zu den Gletschertöpfen von Brufjell liegt, eignet sich optimal für eine Badepause. Klares, tiefblaues Wasser und der weiße Kieselstrand bilden einen schönen Kontrast. Beim Wandern während der Sommerhitze ist ein Bad im Meer herrlich erfrischend. Von dort aus folgt man dem Wanderpfad in westlicher Richtung, bis man wieder zum Ausgangspunkt an der Hauptstraße gelangt. Wandert man in normalem Tempo, erreicht man die Brufjell Höhlen in etwa eineinhalb Stunden. Auf dem Weg bis zum Ziel bietet sich ein schöner Ausblick über die bergige Landschaft. An der Spitze der Klippen wird man mit einem herrlichen Panoramablick belohnt. Die gesamte Küste ist zu sehen und die Aussicht reicht bis zum Leuchtturm von Lista.

i

Die gesamte Wanderstrecke vom Parkplatz über Sandvika zu den Felshöhlen von Brufjell und zurück beträgt etwa 6 Kilometer. Unterwegs sind circa 400 Höhenmeter zu überwinden. Ganz leicht ist die Wanderung nicht, da an einigen Stellen an steilen Felsen entlang zu klettern ist, was durch in die Felswände eingelassenen Eisengriffe jedoch erleichtert wird. Unterwegs kommt man an einem kleinen Wasserfall vorbei. Das Wasser ist sauber und kann bedenkenlos getrunken werden. Da die Route zu den Brufjell Höhlen auch über felsiges Gelände führt, ist die Wandertour für Kinder unter zehn Jahren nicht geeignet. In den Wintermonaten sind die Wanderwege in der Brufjell-Region offiziell geschlossen. Wanderungen während der Wintersperre erfolgen deshalb auf eigenes Risiko.

#50

4h

FRISCHER FISCH direkt aus dem Ozean in Südnorwegen

Angeln im Meer ist eine der populärsten Freizeitbeschäftigungen in Norwegen. Mit einer langen Küstenlinie, zahlreichen Inseln und Fjorden besitzt die Region Südnorwegen beste Voraussetzungen zum Meeresangeln.

In Norwegen kann ganzjährig geangelt werden. Die Monate zwischen Anfang März und Ende Oktober sind allerdings bei Anglern besonders beliebt. Im Nordmeer tummeln sich viele verschiedene Fischarten. Das Meer vor der norwegischen Küste bietet eine enorme Artenvielfalt. Häufig gefangene Arten sind Seelachs, Dorsch, Hering, Makrele, Schellfisch und Pollack. In vielen Ferienorten an der Skagerrakküste werden organisierte Angeltouren für Einzelpersonen und Gruppen angeboten. Halbtägige und ganztägige Angeltrips eignen sich auch für Familien mit Kindern. Oft besteht die Möglichkeit, Mietboote für private Angelfahrten auszuleihen. Angelgeräte und Köder können vor Ort erworben werden. In vielen norwegischen Ferienzentren stehen sogar Schlacht- und Gefriermöglichkeiten für selbst gefangene Fische zur Verfügung. Ohne Angelerfahrung bietet sich allerdings ein organisierter Angelausflug, der von einem fachkundigen Guide begleitet wird, an. Norwegen gilt als Paradies für Angler. Für das Sportfischen in Flüssen und Seen wird ein Erlaubnisschein benötigt. Nähere Auskünfte bekommt man bei der Touristeninformation am Urlaubsort. Für das Meeresangeln ist zudem eine Fischereiabgabe zu entrichten.

Die beliebteste Region zum Angeln im Meer ist die Gegend um die Hafenstadt Kristiansand. Hier soll auch Einsteigern der „große Fang" gelingen, während im mittleren und nördlichen Teil Norwegens vor allem erfahrene Angler unterwegs sind. Bei einem organisierten Angelausflug findet zuvor eine gründliche Einweisung statt. Erste Fischkontakte bekommt man bereits beim Fahren durch die vorgelagerten Inseln (Schären). In den Sommermonaten sind dort riesige Makrelenschwärme anzutreffen. Rund um Norwegens Inseln finden sich auch exotischere Fischarten wie etwa der Lippfisch. Da der Schärenbereich windgeschützt ist, eignet sich die Gegend optimal zum Posenangeln. Bei dieser Angelmethode stellen die Posen, die auch als Schwimmer bezeichnet werden, das wichtigste Hilfsmittel dar. Eine Pose hält den Köder in einer bestimmten Tiefe und soll den Biss eines Fisches präzise anzeigen. Bei ruhigem Wetter kann in Südnorwegen auf dem offenen Meer geangelt werden. Es gibt aber auch Angeltouren, die sich auf das Angeln in den Fjorden und den Schären konzentrieren. Die Aussichten, dass ein großer Fisch anbeißt, sind umso größer, desto weiter sich das Schiff der offenen See nähert. Mit etwas Glück wird ein Seehecht, ein in den Gewässern Südnorwegens häufig vorkommender Fisch, gefangen.

i

Bei organisierten Angeltouren sind keine Vorkenntnisse notwendig. Erfahrene Angler, die auf eigene Faust in Seen, Flüssen, Fjorden sowie im Meer angeln wollen, benötigen dazu eine Erlaubnis. Auskünfte erteilen in der Regel die Touristeninformationen in den Urlaubsorten. Anglerisch zählt der Süden Norwegens zu den Top-Revieren für zahlreiche Fischarten wie etwa Meerforelle und Plattfisch.

#51

4h

Trendige Designerläden und rustikale Wochenmärkte **IN OSLO**

Oslo ist bekannt für Grünanlagen und Museen, maritimes Klima und Wintersport. Nur wenige Urlauber wissen, dass die Hauptstadt Norwegens auch über exzellente Einkaufsmöglichkeiten, Einkaufsstraßen, Shopping-Center, Stadtviertel mit trendigen Designerläden und traditionellen Wochenmärkten verfügt.

Shoppen in Oslo ist wegen des starken Kurses der norwegischen Krone (NOK) kein preiswertes Vergnügen, mit etwas Glück lassen sich allerdings Schnäppchen finden. Das größte Einkaufszentrum der norwegischen Hauptstadt befindet sich in der Nähe des Hauptbahnhofs. Im Oslo-City-Shoppingcenter erwarten die Besucher dutzende Geschäfte mit einem hochwertigen Warenangebot. Neue Mode findet man dort ebenso wie edlen Schmuck, exklusive Schuhe und Accessoires. Preislich gilt das Angebot als erschwinglich, sodass neben Einheimischen auch zahlreiche Touristen im Oslo-City-Center anzutreffen sind. Am Stortorvet, dem alten Marktplatz vor dem Dom, findet in den Sommermonaten ein Wochenmarkt mit Blumen, Gemüse und Obst statt. Das Altstadtviertel ist eines der größten Einkaufsziele in Oslo. In den engen Gassen haben sich extravagante Designer-Läden, Schmuckgeschäfte und Edelboutiquen, aber auch viele gemütliche Cafés und Restaurants niedergelassen. Als beste Adresse für Luxusshopping gilt die Uferpromenade von Aker Brygge. Neben teuren Läden, die Luxuswaren anbieten, gibt es an der Hafenpromenade eine gehobene Gastronomie. In den Restaurants wird französische und skandinavische Küche serviert, man bekommt jedoch auch einfache Gerichte wie Steaks oder Hamburger. Seitdem die Osloer Uferpromenade zur Fußgängerzone umgestaltet wurde, ist die Attraktivität dieses Viertels zum Einkaufen und Essengehen noch gestiegen. Parallel zur Hafenpromenade verläuft die Hauptfußgängerzone der Stadt zwischen dem Karl-Johans-Tor und dem Prinsens-Tor. Bekannte Einkaufsmöglichkeiten sind das unmittelbar neben dem Osloer Dom gelegene Glasmagasinet-Kaufhaus und das Paleet-Einkaufszentrum, eine vornehme Einkaufspassage mit eleganten Modeboutiquen, stylischen Cafés und Gourmetrestaurants.

Typisch norwegische Mode und nachhaltige Waren findet man in vielen Läden rund um das Prinsens-Tor im historischen Stadtteil Kvadraturen. Das zentrale Geschäftsviertel in Oslo liegt im Bezirk Frogner. Zahlreiche exklusive Läden, Hotels, Restaurants sowie Unterhaltungsmöglichkeiten befinden sich dort. In den Straßen Bogstadveien, Hegdehaugsveien und dem Vorort Majorstuen haben sich auch Geschäfte des mittleren Preissegments sowie Billigläden angesiedelt. Das Stadtviertel Grünerløkka hat sich vom ehemaligen Arbeiterviertel zum vielbesuchten Stadtbezirk gemausert. Hier findet man Ateliers norwegischer Designer, kleine Boutiquen, zahlreiche Kaffeehäuser und Restaurants. Ganz nebenbei entdeckt man dort die unbekannte Seite von Oslo, am besten bei einem Spaziergang an der Akerselva. An diesem Fluss, der durch das malerische, von einem Park umgebene Viertel fließt, führen zahlreiche Spazierwege entlang. Eine große Auswahl an Obst und Gemüse gibt es im geschäftigen multikulturellen Grønland-Viertel. Der Stadtbezirk Grønland ist für ein reichhaltiges Angebot an Lebensmitteln und Snacks aus aller Welt bekannt. Im Greenland-Bazaar, einem beliebten Einkaufszentrum, kann man auf der Suche nach populären Modemarken und günstigen Accessoires fündig werden. Es ist ratsam, sich beim Shopping in Oslo auf Warenmarke zu konzentrieren. Markenartikel sind in Norwegen nicht teurer als in anderen Ländern. Während regelmäßig stattfindender Schlussverkäufe, wie dem traditionellen Winterschlussverkauf im Januar und beim Sommerschlussverkauf im August werden hochwertige Artikel oft zu günstigen Preisen angeboten. Auch außerhalb der Schlussverkaufszeiten kann es sich lohnen, auf Rabatte und andere Ermäßigungen in Läden und Einkaufszentren zu achten.

In der Regel sind die Geschäfte in Norwegen zwischen 8 und 17 Uhr geöffnet. Kleinere Läden schließen am Samstag schon um 13 Uhr. Am Sonntag sind fast alle Einkaufsmöglichkeiten geschlossen. Supermärkte und Lebensmittelgeschäfte bleiben an Werktagen häufig bis 21 oder 22 Uhr geöffnet.

#52

4h

NACHTLEBEN PUR GENIESSEN

in den besten Clubs

Denkt man an Norwegen, werden oft Klischees wie Fjorde, Eisbären und kalte Nächte genannt. Das Nachtleben in der norwegischen Hauptstadt ist jedoch alles andere als kühl oder langweilig.

In den angesagten Clubs des Landes kann bis in den frühen Morgen zu heißen Rhythmen getanzt und gefeiert werden. Ein reges Nachtleben findet allerdings nur in Städten wie Oslo, Tromsø, Stavanger und Bergen statt. In ländlichen Regionen geht es hingegen ruhig und gemütlich zu. Die einzigen Unterhaltungsmöglichkeiten in den Dörfern sind meist Kino, Café oder Restaurant. Oslo zählt zu den Städten mit der höchsten Lebensqualität in Europa. Die Hauptstadt Norwegens ist nicht nur ein guter Ort zum Arbeiten und Leben, sondern auch, um Party zu machen, auszugehen und die Nächte durchzufeiern. In fast jedem Stadtviertel gibt es Pubs, Musikbars, Diskotheken und Clubs. Die kleinen, traditionellen Bars in der Altstadt sind beliebte Treffpunkte für Abende mit Familie und Freunden. Internationale DJs legen in den exklusivsten Clubs der Stadt auf. Popkonzerte berühmter Künstler sorgen in der Oslo Concert Hall für unterhaltsame Abende. Theateraufführungen, Musicals, Oper und Ballett gehören ebenso zum Osloer Nachtleben wie hippe Clubs, in denen zu alternativem Rock, Hip Pop oder Drum'n'Bass getanzt wird. In Oslo gibt es zahlreiche kleine und größere Theater. Die bekanntesten Theaterhäuser sind Det Norske Teatret, wo Theaterstücke, die Norwegens moderne Gesellschaft widerspiegeln, aufgeführt werden sowie das Nationaltheater (Nationaltheatret), das mit seinen Klassikerinszenierungen international bekannt geworden und immer noch das bedeutendste Theater Norwegens ist. Berühmte Opern und Konzerte, die sogar Vorführungen im Freien beinhalten, gibt es im 2008 eröffneten Osloer Opernhaus zu sehen und zu hören. Ein besonderes Highlight des Opernhauses ist der innovative Architekturstil. Das mit Marmor verschönerte Dach des Operngebäudes darf sogar für Spaziergänge genutzt werden. Auf dem großflächigen Opernhausdach befinden sich Sitzplätze, die einen besonders tollen Blick auf die Bühne, Hügel, Berge und die Fjordlandschaft um Oslo bieten.

Wer einen außergewöhnlichen Abend im Club erleben und zu den neusten Rhythmen tanzen will, hat in Oslo reichlich Gelegenheit dazu. Zahlreiche Bars, Clubs und Diskotheken befinden sich in der Rosenkrantz Gate im Stadtzentrum. Auch die vom Hauptbahnhof bis zum Königsschloss verlaufende Karl Johans Gate zählt zu den bekanntesten Adressen für Bars und Clubs. Ein beliebter Osloer Unterhaltungsort ist das Kulturhuset, das zusätzlich zu Musik und guter Stimmung auch Diskussionsräume, einen Konzertsaal und ein Debattenzentrum bietet. Mit drei Stockwerken ist das Kulturhuset eine der größten Clubs in der norwegischen Hauptstadt. Auf jeder Etage gibt es eine Bar und eine Bibliothek. An den Wochenenden legen bekannte DJs auf und das erste und zweite Stockwerk verwandelt sich in eine Show- und Tanzbühne. Wegen der großen Popularität des Kulturhusets ist an Freitag- und Samstagabenden mit langen Warteschlangen am Eingang zu rechnen. Es wird deshalb empfohlen, Plätze im Voraus zu buchen. Der Stratos-Club ist Veranstaltungsort für Live-Musik, angesagte Bar, Tanz- und Nachtclub zugleich. Die Stratos-Club und das Restaurant des Luxus-Nightclubs befinden sich im elften Stock mit einem traumhaften Blick über die ganze Stadt. Schummrige Beleuchtung und elektronische Tanzmusik gibt es im Villa Oslo Dancing Club. Auf den beiden Tanzflächen im exklusiven Partykeller werden Underground-Musik, Techno, House, Electro, Dubstep, Drum'n'Bass sowie andere innovative Genres gespielt. An den Wochenenden sind norwegische und internationale DJs und Künstler zu Gast. Eine Besonderheit unterscheidet den Dancing-Club von anderen Clubs. Am Eingang muss ein Mindestalter von 23 Jahren nachgewiesen werden. Oslos Szeneviertel Grünerløkka liegt in der Innenstadt. Dort haben die meisten Lokale bis spätnachts geöffnet. Ein beliebtes Ausgehviertel ist der Stadtteil Aker Brygge mit seinen zahlreichen Bars, Restaurants und Nachtclubs. In den Sommermonaten verfügen viele Restaurants in Oslo über eine Außengastronomie. An der Hafenpromenade liegt ein Schiff mit einer beliebten Sommerbar vor Anker. Im Hafenviertel wird man beim Essen mit einer wunderschönen Aussicht über den Hafen sowie den Oslofjord belohnt.

#53

Einmal Skipper sein und am **OSLOFJORD SEGELN**

Der Oslofjord zählt zu den größten Fjorden in Norwegen. Dieser in Süd-Nord-Richtung lange Fjorde bildet die Einfahrt zur norwegischen Hauptstadt.

Der an manchen Stellen bis zu 300 Meter tiefe Oslofjord ist die am stärksten befahrene Wasserstraße des Landes. In den Wintermonaten kann der Oslofjord als einziger Fjord Norwegens gelegentlich zufrieren. Der Grund dafür ist die mangelnde Erwärmung durch den Golfstrom, der jedoch zu weit entfernt ist, um für angenehme Wassertemperaturen zu sorgen. Als bedeutende Wasserstraße verzeichnet der Oslofjord ein ganzjähriges Aufkommen an Fracht- und Passagierschiffen. Da der Fjord zugleich ein beliebtes Naherholungsgebiet ist, verkehren im Oslofjord auch Ausflugsschiffe und es wird gesegelt. Fjorde wie der Oslofjord tragen den Ozean kilometerweit ins Landesinnere. Das relativ schmale Gewässer führt zur Meerenge von Skagerrak und erreicht anschließend die Nordsee und Ostsee. Der Oslofjord ist ein beliebtes Segelrevier. Es bestehen verschiedene Möglichkeiten, an organisierten Ausflügen auf einem Segelschiff teilzunehmen. Außerdem können Segeltörns auf eigene Faust unternommen werden. Da sich im Oslofjord verschiedene Inseln und

Halbinseln befinden, kann eine Segeltour mit einem Inselrundgang und Badeaufenthalt kombiniert werden. Jede Insel im Oslofjord zeichnet sich durch besondere Merkmale und ihre eigene Geschichte aus. Dem Stadtzentrum von Oslo am nächsten liegt die Insel Hovedøya, die für ihre Klosterruinen aus dem Mittelalter bekannt ist.

Schöne Strände, Wanderwege und Campingplätze gibt es auf Langøyene. Lauschige Badeplätze und viel Gelegenheit zum Schwimmen und Sonnenbaden findet man auf den Inseln Gressholmen, Rambergøya und Heggholmen. Organisierte Segelausflüge rund um den Oslofjord werden von vielen lokalen Dienstleistern angeboten. Bei mehrstündigen Bootstouren kommen je nach Programm und Anbieter hölzerne Segelboote oder modernste Segelyachten zum Einsatz. Die Fahrtroute führt meist am Opernhaus Oslo und an der Festung Akershus vorbei, sodass die schönsten Sehenswürdigkeiten der norwegischen Hauptstadt vom Wasser aus zu sehen sind. Bei abendlichen Segeltouren kann man mit etwas Glück einen farbenprächtigen Sonnenuntergang am Oslofjord genießen. Entspannend sind Bootstouren entlang der kleinen Inseln im Oslofjord. Eine Inseltour kann 2 bis 4 Stunden dauern. Vom Bord des Segelschiffs sind die felsige Landschaft des Fjords sowie die vielen Inseln zu sehen. Selber segeln ist ebenfalls möglich. Bei Seglern ist Südnorwegen ein beliebtes Revier, da die Landschaft in dieser Gegend besonders abwechslungsreich ist. Entlang des Oslofjords gibt es eine Vielzahl ruhiger Buchten, Seitenarme des Fjords sowie zahlreiche Inseln, die zum Ankern geeignet sind. Auf den meisten Inseln stehen diverse Anlegestege und viele Ankermöglichkeiten zur Verfügung.

i

Der Oslofjord ist ein beliebtes Segelrevier. Mehrstündige Segelausflüge werden in Oslo von verschiedensten Dienstleistern angeboten. Es besteht zudem die Möglichkeit, Segelyachten mit Skipper oder ohne Crew zu chartern. Mit einem in Deutschland erworbenen gültigen Bootsführerschein kann in Norwegen ein Boot der entsprechenden Kategorie gemietet werden.

Gudbrandsdalen-Region

#54

8h

PILGERN
auf Norwegisch

Das Gudbrandstal ist eine abwechslungsreiche Landschaft im südlichen Norwegen. Mit einer Länge von etwa 200 Kilometern ist das Gudbrandsdalen das längste Tal Norwegens.

Seine besondere Form erhielt das bergige Gebiet mit den bis zu 2.000 Meter hohen Gipfeln während der letzten Eiszeit, als die Täler durch Gletscher und Flüsse gebildet wurden. Die Gudbrandsdalen-Region ist eine vielseitige Kulturlandschaft mit großer kultureller und historischer Bedeutung. Quer durch Gudbrandsdalen verläuft der St. Olavsweg, ein etwas anderer Pilgerpfad, der sich wesentlich von den europäischen Pilgerwegen unterscheidet. So besteht der St. Olavsweg aus einem ganzen Netzwerk an Wegen. Die gesamte Pilgerstrecke führt von der Hauptstadt Oslo bis nach Trondheim im Norden des Landes, wo der Weg im Nidarosdom

endet. Als sehr interessant und landschaftlich einmalig gilt der Streckenabschnitt, der durch Gudbrandsdalen führt. Ausgangspunkt für diesen Abschnitt des St. Olavswegs ist die Stadt Lillehammer. Im weiteren Verlauf gelangt man zu den Gemeinden Øyer und Ringebu, Sør-Fron und Nord-Fron sowie bis nach Sel und Otta und von dort aus zum Dovrefjell-Gebirge. Unterwegs durch Felder, Wiesen und Kiefernwälder kommt man an zahlreichen alten Bauernhöfen und kleinen Dörfern mit typisch norwegischen Stabkirchen vorbei. Der St. Olavsweg ist circa 640 Kilometer lang. Für die ganze Strecke wird offiziell eine Reisedauer von durchschnittlich 32 Tagen angegeben. Jedoch muss nicht der gesamte Pilgerweg zu Fuß erwandert werden. Es besteht die Möglichkeit, einzelne Abschnitte zwischen den verschiedenen Ortschaften mit Bus oder Bahn zurückzulegen. Die Route von Lillehammer bis Dovre zählt zu den landschaftlich schönsten Etappen. Um Übernachtungsmöglichkeiten unterwegs sollte man sich zuvor allerdings kümmern.

Der St. Olavsweg ist durch gut sichtbare Markierungen (Olavskreuze) auf Bäumen, Pfählen, Schildern oder am Boden gekennzeichnet. Die Wanderung erfordert eine praktische Ausrüstung, die neben stabilen, wasserfesten Wanderschuhen, atmungsaktiver Bekleidung und Regenjacke auch Handschuhe und Wollmütze enthalten sollte. In gebirgigen Regionen Norwegens ist sogar im Hochsommer mit niedrigen Temperaturen und Regenschauern zu rechnen. Pilgerunterkünfte und Herbergen können vorab reserviert werden. Zu beachten gilt, dass in ländlichen Übernachtungsmöglichkeiten oft nur Bargeld als Zahlungsmittel akzeptiert wird.

#55

8h

HUNDERFOSSEN FAMILIENPARK

in Lillehammer

Norwegen ist ein kinderfreundliches Reiseland. In Hotels, in der Gastronomie sowie im Alltag erweist sich das nordische Land beim Umgang mit Kindern als sehr gastfreundlich. Fast in jeder Region gibt es Funparks mit Spielplätzen und vielen Attraktionen für Kinder und Erwachsene.

Ein beliebter Vergnügungspark für die ganze Familie ist der nördlich von Lillehammer gelegene Hunderfossen Familienpark. Mit jährlich fast 300.000 Besuchern zählt der Familienpark Hunderfossen zu den größten Freizeitattraktionen des Landes. Auf dem riesigen Gelände gibt es auch einen Winterpark, der jedoch nur ab Februar und bis Mitte März geöffnet ist. Mehr als 50 Attraktionen und einige besondere Highlights wie das Rafting im tosenden Wildbach sorgen für einen erlebnisreichen Tag. Im Hunderfossen Familienpark ist

Norwegens einziger 4-D Film zu sehen, es gibt einen Hochseilpark, ein Abenteuerschiff und eine Märchengrotte. Für ältere Kinder stehen Go-Karts zur Verfügung, während die Jüngsten mit einem kleinen Traktor durch Tunnel oder über Brücken fahren können. In der „Fahrschule" des Vergnügungsparks Hunderfossen können auch die Kleinsten ihren Kinderführerschein machen. Danach dürfen sie mit kleinen roten Autos Rennen fahren. Auf dem Gelände des Freizeitparks gibt es einen Bauernhof mit Tieren, wo man norwegische Bauernhoftiere in ihrem natürlichen Umfeld erleben kann. Außerdem befinden sich ein Energiecenter, Kindertheater sowie Schwimmbecken mit Wasserrutschen im Freizeitpark.

Die Poollandschaft wurde im Jahr 2020 modernisiert und verfügt nun über einen kleinen Pool für die Jüngsten, es gibt eine lustige Wasserrutsche und einen riesigen Wasserspielbereich mit 33 Wasserspielzeugen. In der Anlage stehen zudem Sonnenliegen und Außenduschen zur Verfügung. Das Motto des Hunderfossen Familienparks sind Trolle, Märchen und Abenteuer. Das gesamte Spieleprogramm und die Fahrgeschäfte orientieren sich an diesen Themen. So gibt es den riesigen Hunderfossen-Troll, der über das Gudbrandsdalen-Tal wachen soll sowie eine Märchengrotte. Neben zahlreichen Fahrgeschäften, die tagsüber in Betrieb sind, wird abends ein unterhaltsames Showprogramm gezeigt. In diesem Jahr soll eine neue, aufwendig gestaltete Achterbahn mit dem Thema „Fyr & Flamme" (Feuer und Flamme) eröffnet werden. Der Zug besteht aus vier Wagons, mit Plätzen für jeweils drei Personen. In der Nähe des Hunderfossen Familienparks befinden sich das südlichste Schneehotel Skandinaviens sowie eine Eiskathedrale, in der auch geheiratet werden kann (nur im Winter möglich).

i

Der Familienfreizeitpark Hunderfossen liegt 10 Kilometer nördlich von Lillehammer. Die großzügige Anlage befindet sich in idyllischer Lage inmitten der Natur und ist von Wäldern und Bergen umgeben. Geöffnet ist der Vergnügungspark täglich zwischen 10 und 17 Uhr. Für Säuglinge sind Still- und Wickelräume vorhanden, außerdem stehen Bollerwagen zur Verfügung. Auf dem Gelände gibt es eine große Grillhütte, wo Besucher ihre mitgebrachten Mahlzeiten selbst zubereiten können. Mehrere Restaurants und Kioske bieten Essen und Getränke zu akzeptablen Preisen (für norwegische Verhältnisse) an. Mit dem Mietauto ist der Hunderfossen Freizeitpark über die E6 erreichbar. Es gibt Hinweisschilder und wenn der Ausschilderung gefolgt wird, gelangt man direkt zum Park. Am Eingang befinden sich ausreichend Parkmöglichkeiten. Zwei Buslinien (Linie 503 und 141) verbinden die Stadt Lillehammer mit dem Hunderfossen Erlebnispark.

FEEDBACK

Liebe Leserinnen und Leser,

wir hoffen, dass Sie mit unserem Reiseführer viel Neues entdecken konnten und Sie viel Inspiration sowie Spaß mit unserem erlebnisbasierten Konzept haben. Wir arbeiten hart daran, sicherzustellen, dass unsere Empfehlungen und Informationen stets aktuell und nützlich sind. Dennoch sind wir uns bewusst, dass es immer Raum für Verbesserungen gibt.

Wenn Sie Anregungen, Feedback oder Verbesserungsvorschläge haben, würden wir uns sehr freuen, von Ihnen zu hören. Wir möchten sicherstellen, dass unsere zukünftigen Leserinnen und Leser von Ihren Erfahrungen profitieren können und unser Reiseführer noch besser wird.

Wenn Sie etwas zu sagen haben, können Sie uns gerne über das Kontaktformular auf unserer Verlagsseite kontaktieren:

www.gamikaze.ch

Wir lesen jede Kontaktanfrage und werden unser Bestes tun, um auf Ihre Anregungen und Kommentare zu reagieren.

Wir bedanken uns im Voraus für Ihr Feedback und wünschen Ihnen eine wundervolle Reise.

IMPRESSUM

2. Auflage 2024

Gamikaze Scheidegger
Pascal Scheidegger
Adlerstrasse 1
8600 Dübendorf
Schweiz
Handelsregister: CHE-467.312.860

Die Schweizer Nationalbibliothek verzeichnet diese Publikation in der Schweizer Nationalbibliografie; detaillierte bibliografische Daten sind im Internet über www.helveticat.ch abrufbar.

Umschlaggestaltung und Satz: Gamikaze Scheidegger

Umschlagmotive: Adobe Stock/©Mumemories, Depositphotos/©surangastock, ©AndrewMayovskyy, ©cookelma, ©Rolv-Erik, ©RPBMedia, ©mumemories, ©shalamov

Icons: Ressourcen von Flaticon.com

Taschenbuch: 978-3-9525596-2-8

info@gamikaze.ch
www.gamikaze.ch

GAMIKAZE

BILDNACHWEIS

Fotos von Depositphotos:
S. 6 GekaSkr, S. 7 mumemories, S. 8 shalamov, S. 11 kwasny222, S. 12 wrangel, S. 13 welcomia, S. 14 cookelma, S. 15 Svetlana195, S. 16 asimojet, S. 17 valdiss-kudre, S. 18 YAYImages, S. 19 gorchichko, S. 20 gravityimaging, S. 22 pandi-onhiatus3, S. 24 shalamov, S. 26 Pshenichka, S. 27 trihubova.gmail.com, S. 28 ypsg2008, S. 29 Bourbon-88, S. 30 gresey, S. 31 anna.argentuma@gmail.com, S. 32 tsuguliev, S. 36 erandalx, S. 37 destillat, S. 38 sasha64f, S. 39 Stootsy, S. 40 NataGolubnycha, S. 41 toucanet, S. 42 OndrejProsicky, S. 42 + 43 Janusorlov, S. 44 sasha64f, S. 45 Kartouchken, S. 47 Svetlana195, S. 47 sasha64f, S. 48 kamchatka, S. 49 OndrejProsicky, S. 52 kyolshin, S. 53 kyolshin, S. 54 erika8213, S. 56 kjorgen, S. 57 Giedriius, S. 58 + 59 bublik_polina, S. 60 zastavkin, S. 61 Boje, S. 62 dell640, S. 64 Kesu01, S. 68 PetrSimon, S. 69 AndreAnita, S. 70 + 71 demerzel21, S. 72 beboy, S. 74 kevron2002, S. 75 ArturVerkhovetskiy, S. 76 tom.griger, S. 78 + 79 denisa_voicu.yahoo.com, S. 80 Rolv-Erik, S. 81 miroslav_1, S. 82 + 83 cookelma, S. 84 AndrewMayovskyy, S. 85 cookelma, S. 86 miroslav_1, S. 88 TravelTelly, S. 89 Artish, S. 92 PeopleImages.com, S. 93 Wirestock, S. 94 PeopleImages.com, S. 96 kamchatka, S. 97 kyolshin, S. 98 DTatiana, S. 98 kamchatka, S. 100 YAYImages, S. 102 RPBMedia, S. 104 Giedriius, S. 105 Giedriius, S. 106 + 107 chetroni, S. 108 + 109 Dudlajzov, S. 110 ruramos, S. 111 Dudlajzov, S. 112 RPBMedia, S. 113 adrian.szatewicz@gmail.com, S. 114 + 115 Dudlajzov, S. 115 mihtiander, S. 118 RPBMedia, S. 120 Ilgonis, S. 122 + 123 phb.cz, S. 124 + 125 tan4ikk, S. 126 leonovo, S. 130 cppzone.mail.ru, S. 132 + 133 taratata, S. 134 + 135 cookelma, S. 136 Bigandt, S. 138 tom.griger, S. 140 + 141 IrynaObertunBO, S. 142 + 143 wildman, S. 146 Nanisimova_sell, S. 147 chensey7, S. 148 VitaminDP, S. 150 azgek1978, S. 151 phb.cz, S. 152 Nanisimova_sell, S. 156 genlock1, S. 158 + 159 mvaligursky, S. 159 balipadma, S. 160 arildlil@gmail.com, S. 162 t.studio.mail.ru, S. 164 frautori, S. 166 pressmaster, S. 168 + 169 t.studio.mail.ru, S. 170 + 171 typo-graphics, S. 170 lzf, S. 176 TanyaJoy

Creative Commons (https://en.wikipedia.org/wiki/Creative_Commons):
S. 10 Maria Helgesen, S. 65 Richard Moore, S. 128 Bahnfrend, S. 129 Palickap, S. 145 Vidar Iversen, S. 172 Åsmund Ødegård

GNU Free Documentation License (https://en.wikipedia.org/wiki/GNU_Free_Documentation_License):
S. 63 ArneEide, S. 131 Espen Skaar